萧山汉代出土文物
拾萃

杭州市萧山区博物馆　编著　　杨国梅　主编

中国书店

《萧山汉代出土文物拾萃》编委会

主　　编：杨国梅

副 主 编：陈　伟　任芳琴　崔太金

执行主编：张学惠

摄　　影：王兴海　余金玲　傅辰琪　叶　洋

文字描述：张学惠　王兴海

编　　辑：潘　婷　余金玲　黄　斌　周建飞

序言

　　新冠疫情一直反复，全球都在经受挑战，许多工作不得不按下了暂停键。然而越是这样的特殊时期，文博人越要加紧工作的步伐。知过往，方能明未来。萧山博物馆一套班子两块牌子，除博物馆工作外，还肩负着全区文保、考古的业务支撑工作。萧博团队披荆斩棘，谋定而动，细致盘点文化遗产家底、系统研究、认真解码区域文化基因，以萧山博物馆为总馆，致力于打造一核多元的总分馆模式。短短三年时间，因地制宜，建成开放了全省首个浙东运河萧山展示馆，完成萧山博物馆基本陈列的提升。我们始终坚持以萧山本土的文物、史料来印证萧山历史，讲述萧山故事。

　　博物馆是公众的精神家园，广开言路，让更多市民群众、有识之士参与进来，形成合力。这一举措促使很多人提供文物线索，提出建设性的意见和建议，有些甚至无偿捐赠文物、史料。无数次的思想交流、碰撞，反复论证，并依托珍贵的文物，让这片有着八千年历史的土地和生活在这里的先民，得以更加鲜活生动、全面立体地呈现出来。让每一个走进博物馆的人都能了解萧山的过往，感悟萧山精神。有限的展厅空间无法全面展示馆藏文物，书籍图录无疑是一种不错的选择。

　　萧山建县始于西汉初至元始二年（2年），时称余暨，隶属会稽郡。汉代盛行厚葬，事死如生。多年来，萧山因城市建设等原因而开展的抢救性考古发掘项目中属汉墓最多。出土的文物从类别看，最多的是陶瓷器，其次是青铜器，还有少量的玉器。这与萧山当时的社会历史背景和所处的地理环境有直接的关系。经过两千多年的岁月淘洗，这些脆弱的文物能留存世上已属不易，而保存相对完整的东汉黑釉五管瓶和王莽时期的"大泉五十"叠铸铜母范更是格外珍贵。我们希望通过这些汉代文物和文化遗存让读者从一个侧面了解当时萧山的人口分布、政治经济和文化面貌等。

　　最后，希望我们共同努力，发动全社会参与到文化遗产的保护和利用中来，让萧山的文化更自信，精神更闪亮，使我们的明天更加美好！

杨国梅

萧山博物馆馆长

汉风烈烈 越韵悠悠
——萧山两汉考古及文物概述

张学惠

一

萧山区位于浙江省北部，钱塘江南岸，为杭州市属区。东邻绍兴市柯桥区，南接诸暨市，西连杭州市富阳区，西北接杭州市滨江区，北濒钱塘江。地势南高北低，自西南向东北倾斜，中部略呈低洼。南部是低山丘陵地区，间有小块河谷平原；中部和北部为平原，中部间有丘陵。位于北亚热带季风气候区南缘，冬夏长、春秋短，四季分明，光照充足，雨量充沛，温暖湿润。[1]

萧山是典型的鱼米之乡，土地肥沃，人民勤劳，经济发达。目前考古发掘资料显示，早在八千年前就有先民在萧山湘湖一带繁衍生息，这里发现了大量的陶器、石器、骨器以及动物骨骼、植物种子，还发现了独木舟、驯养的家猪和稻谷颗粒等。此外，其他各类史前遗存遍布浦阳江与钱塘江流域。商周时期，萧山属越国，境内的越王城遗址、茅湾里窑址以及大量的商周土墩墓群等都是这一时期古越人在萧山留下的印记。战国中期，楚灭越。秦始皇二十六年（前221年）置会稽郡，萧山属会稽郡。西汉初至元始二年（2年）间始建县，名余暨，属会稽郡。新王莽始建国元年（9年）改余暨为余衍。三国吴黄武年间（222—229年）改名永兴，属会稽郡。唐天宝元年（742年）改永兴为萧山，其名沿用至今。1988年，萧山撤县设市。2001年撤市设区，属杭州市。

两汉前后历经四百余年，延续了秦代的郡县制度，萧山在汉代隶属于会稽郡管辖，自建县至今已有两千多年的历史。从目前的考古资料显示，萧山境内汉代考古遗存丰富，出土文物数量众多，不管是从墓葬的形制、葬俗还是陪葬器物的情况都显示了当时汉代大一统背景下萧山所处的东南一带已经受汉文化的影响颇深。除了这种统一性以外，萧山汉代遗存也表现出了其鲜明的"越地"文化因素。在宣扬大一统的王朝体系下，越地的文化并未因政权的更迭而瞬间泯灭，更多的是汉、越两种文化内涵的融合，适当地表现出了原有的族属意义。[2]

二

到目前为止，萧山境内涉及汉代遗存的考古发掘主要有以下几项：

1983年，浙江省文物考古研究所在萧山县城南溪头黄村（现属蜀山街道）电扇厂发掘清理了一批古墓葬，其中汉墓7座，出土了一批陶器、铜器、铁器、钱币等文物。[3]

1984年，杭州市园林文物管理局对位于萧山城南溪头黄村（现属蜀山街道）湘湖啤酒厂基建工地进行了抢救性考古发掘，共抢救发掘古墓葬80座，出土文物1012件（组），其中汉墓59座，出土文物

936件（组）。[4]

2013年3月21日至7月31日，杭州市文物考古研究所联合萧山博物馆对位于萧山区闻堰镇老虎洞村东北部的老虎洞遗址进行了抢救性考古发掘，共清理战国至明代的墓葬34座，包括西汉土坑墓和东汉砖室墓数座。其中M31为长方形竖穴土坑石椁墓，出土陶器、铜器、铁器等随葬品26件。其形制独特，为浙江地区首次发现，全国也未见类似墓穴的报道。[5]

图一　东蜀山 M3 出土器物组合

2015年7月至10月，杭州市文物考古研究所联合萧山博物馆对位于萧山区湘湖风景区的水漾坞古墓群进行考古发掘，共清理了战国至明代的古墓葬 34 座，出土文物 231 件。其中汉代墓葬 14座。[6]

2016年9月10日至25日，杭州市文物考古研究所联合萧山博物馆对萧山区湘湖风景区的丁家庄墓群实施了考古发掘，共清理古墓13座，其中汉墓9座。[7]

图二　东蜀山 M5 清理后

2016年9月，杭州市文物考古研究所联合萧山博物馆对位于杭州市萧山区湘湖风景区的极地海洋公园二期古墓群进行了考古发掘，发掘汉代墓葬3座，出土随葬器物30余件。[8]

2016年10月25日至2017年6月5日，杭州市文物考古研究所联合萧山博物馆对闻堰街道老虎洞村的陈家埠古墓群实施考古发掘。清理春秋至明代墓葬21座，出土文物115件（组），其中汉墓6座。[9]

2017年11月至2018年4月，杭州市文物考古研究所联合萧山博物馆先后对位于萧山区湘湖风景区的菊花山和茗山古墓群进行了考古发掘，共清理各时期古墓145座，其中汉墓120座。[10]

2019年1月至3月，杭州市文物考古研究所联合萧山博物馆对位于杭州市萧山区所前镇城南村东蜀山

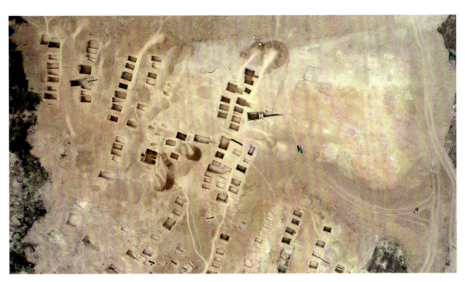

图三　黄家河汉墓分布

的古墓群进行了发掘，共清理战国至清代墓葬27座，出土（采集）遗物158件（组）。其中汉墓9座，出土文物125件（组）。其中编号为M3(图一)、M5（图二）的两座西汉墓葬，出土器物较为丰富。[11]

2019年5月20日至2020年1月18日，杭州市文物考古研究所联合萧山博物馆对位于杭州市萧山区蜀山街道黄家河村的古墓群进行了考古发掘，共清理新石器时代至明代的墓葬299座，出土文物2354件（组）。其中两汉墓211座（图三），出土文物2133件（组）。[12]

从以上资料可以看出，在刚刚改革开放的80年代初期，伴随着基础建设的增多，部分的地下遗存被暴露，科学的考古工作开始介入。而到2000年后，随着城市化的加快推进，萧山迎来了城市建设开发的高潮，区内各种交通基础设施建设、旅游景区开发、城中村拆迁安置、商品房建设等让一个个古代遗址不断地被发现，涉及汉代遗存的考古项目就有10项。随着国家对文化遗产保护的重视和加强，

图四　西汉五铢铜母范

图五　西汉原始瓷动物俑

以上遗址都得到了科学的考古发掘，为地方历史文化遗存的保护和研究打下了坚实的基础。

从发掘的汉代遗存类型来看，绝大多数为墓葬，包括土坑墓、砖椁墓和砖室墓三种类型。截至2021年底，萧山境内发掘两汉墓葬438座，均为普通的平民墓葬，其中蜀山街道黄家河村和溪头黄村的古墓葬遗址就分别出土汉墓211座和66座，可见其分布非常集中。溪头黄村发掘的汉墓发展序列完整，从西汉中期到东汉晚期均有代表性墓葬，各时期墓葬特征清晰明确，具有很强的代表性。从出土的大量遗物分析，初步认定溪头黄墓地是一处古代平民墓地，汉代这里是人类活动最为频繁的时期[13]。黄家河汉代墓葬的密集发现，为当时墓地规划的个案研究提供了翔实资料。大量类型多样的墓葬和数量众多的随葬品的出土，对研究汉代的葬制丧俗亦具有重要价值[14]。其他几处虽出土数量不多，但从整个萧山区域来看，除东蜀山位于所前镇外，其余几处遗存均位于湘湖区块，空间距离非常近。

伴随着众多墓葬出土的还有大量的随葬器物。汉代是一个"事死如生"观念流行的时代，大多会根据死者具体身份地位随葬数量、质量不等的器物。据统计，萧山汉代墓葬出土随葬品达3000余件（组），包括原始瓷器、陶器、青铜器和铁器等，器形包括原始瓷鼎、盒、壶、瓿、罐、罍、陶灶、井、铜釜、盆、锅、铜镜、铜弩机、铜钱、铁釜、铁甑、石黛板和石研黛器等。其中陶瓷器数量最多，相对保存较好，其次为铜器、铁器类器物，多数保存较差，锈蚀严重。在出土的众多随葬器物中，很多属于同类器形，但也有首次发现的文物类型。如水漾坞墓地出土的3件西汉晚期五铢铜钱母范（图四）[15]，菊花山出土的4件西汉原始瓷动物俑（图五），分别为牛、羊、马、狗的造型。东蜀山西汉墓地出土的"吴莫如印"是萧山地区首次发现的私印性质龟钮铜印（图六），结合考古现场的其他

图六 西汉 "吴莫如印"龟钮铜印

遗物和墓葬特征，初步可以确认此处属于吴氏家族墓地[16]。铜镜是两汉墓葬中出土较多的器物，其中黄家河墓葬群出土的一件汉代神禽瑞兽画像镜（图七），其镜背装饰的神兽形象在萧山地区所出土的铜镜中较为罕见。尤其是此类有角翼兽的形象在同类题材中非常少见，为研究当地东汉之后神兽形象的发展情况提供了宝贵的实物资料，具有较高的历史价值和艺术价值[17]。

三

随着考古工作的深入开展，大量的两汉时期文物出土，不仅为萧山两汉时期的地域历史、文化、民俗等研究领域提供了丰富的实物资料，也有助于认识杭州乃至浙江地区的两汉时期的历史发展进程。为全面梳理新中国成立以来萧山出土的汉代文物，我们将萧山博物馆历年收藏的萧山境内零星出土、采集、上交的汉代文物进行挑选整理、集图成册，作为以上资料的补充，以便于相关研究者和文物爱好者对萧山两汉出土文物有更全面的了解，这也是我们出版这本图录的初衷。

萧山博物馆截至2021年底藏品总数将近5000件（组），陶瓷和书画是本馆的两大类主要藏品，特别是印纹硬陶、原始瓷、越窑青瓷是我馆的收藏特色。据统计，截至2021年底我馆收藏有萧山区域内出土的汉代文物800余件，从出土的地域来看，主要集中在北干山、西山、东蜀山、湘湖及衙前凤凰山一带，出土器物中绝大部分为陶瓷器，其次为铜器和少量的玉石器、铁器，我们遴选了其中的200余件（组）收入图录中。虽然大部分汉代文物相对较为普通，多数是周边地区和萧山近几年考古中常见的器物，但还是有部分文物具有特殊的史料价值和艺术价值，值得进一步深入研究。

出土于北干山烈士陵园工地的西汉原始瓷瓶，笠式盖，子母口，平唇，溜肩，鼓腹。肩腹部置变形人面纹双耳，底部有三扁形矮足。灰胎，上半部施青黄色釉，下腹露胎处氧化呈赭色，肩腹部饰三道弦纹和两道水波纹。此件文物器形完整、釉层均匀，是此类器形的精品之作。出土于衙前凤凰山的东汉黑釉五管瓶，整体为三层葫芦形，上层中部为盘口壶，四小壶立于二层肩部。五管口皆通腹。最下层肩部装饰三只熊，站立状，形象生动，憨态可掬。每层都间隔装饰有三至四只抽象化的鸟形装饰。下腹略鼓，中部有三周弦纹，有旋胎痕，平底。灰胎，施黑釉不及底，晶莹润泽。五管瓶发源于东汉，它的出现跟佛教的传入有很大的关联，对研究佛教的传播影响及当地的窑业生产情况都有很大的价值。出土于东蜀山的一对西汉水波纹铺首衔环双系原始瓷壶和出土于萧山宾馆配套大楼工地的一件东汉方格窗棂纹原始瓷瓮，器形均硕大规整，胎体厚重，器身上半部施釉，出土时完整无损。这样体量完整的陶瓷器在考古出土中非常难得，如此硕大

图七　汉代神禽瑞兽画像镜

的器形又是在哪里烧造？通过何种方式运抵？这都是需要我们进一步去探索的问题。萧山从春秋战国开始就是陶瓷烧造的中心地区，印纹硬陶和原始瓷的烧造技术一直延续传承，这些陶瓷器的出土就是最好的佐证，为两汉时期萧山一带陶瓷烧制的研究提供了有力证据。

　　闻堰镇定山村压湖山采石场出土了王莽时期的五方"大泉五十"叠铸铜母范和数十枚"大泉五十"铜钱及铜渣，钱范方形抹角，范内印四母钱，面背各二，阳文正书，篆体直读"大泉五十"，其中一方背面刻隶书"吉"字。钱范的铸造非常精细，无论母钱、边框乃至定位销，都体现了当时高超的工艺水平。同出的铜钱则多为未经过打磨的次品钱。"大泉五十"叠铸铜母范的使用时间较短，出土多集中在北方，长江以南较少见到。为何钱范会出现在萧山境内？这或许跟当时萧山成熟的制陶技术有关，这里又是南北交通的必经之地，选址在此有利于新币的制造和发行[18]。2017年水漾坞出土了3方西汉晚期五铢铜钱母范，水漾坞距离压湖山约5公里，同在湘湖区域内，这样的选址应该并非偶然，这为研究当时的铸币情况又提供了新的实物资料。

<h2 style="text-align:center">四</h2>

　　综上所述，不管是大量的野外考古发掘成果，还是博物馆日积月累的汉代文物收藏，萧山地域内发掘的汉代墓葬均为平民墓葬，出土的文物也没有特别耀眼的明珠，但它为萧山的历史研究奠定了坚实的基础，也为两汉时期大一统进程、文化融合、丧葬习俗、陶瓷烧造、佛教传播等专题历史研究提供了不可或缺的重要资料，从另一个侧面反映了两汉历史的面貌。

注释

[1] 中共杭州市萧山区委党史研究室、杭州市萧山区人民政府地方志办公室：《萧山年鉴（2021）》，浙江人民出版社，2021年，第13-14页。

[2] 李晖达：《论浙江汉代土墩遗存中的"越地"因素》，《秦汉土墩墓考古发现与研究——秦汉土墩墓国际学术研讨会论文集》，文物出版社，2013年。

[3] 浙江省文物考古研究所：《杭州地区汉、六朝墓发掘简报》，《东南文化》1989年第2期。

[4] 杭州市文物考古研究所、萧山博物馆：《萧山溪头黄战国汉六朝墓》，文物出版社，2018年，第3页。

[5] 杨金东、崔太金：《萧山老虎洞遗址考古发掘的重要收获》，《东方博物》2015年第1期。

[6] 杭州市文物考古研究所、萧山博物馆：《萧山水漾坞明墓发掘简报》，《东方博物》2016年第3期。

[7] 浙江文物年鉴编委会编：《浙江文物年鉴（2017）》，浙江古籍出版社，2017年，第65页。

[8] 施梦以、杨国梅：《杭州萧山极地海洋公园二期古墓群——汉六朝墓发掘简报》，《东方博物》2018年第1期。

[9] 浙江文物年鉴编委会编：《浙江文物年鉴（2018）》，西泠印社出版社，2018年，第21页。

[10] 杭州市文物考古研究所：《萧山彩虹大道建设、东湘社区安置房二期工程考古发掘小结》，2018年4月18日。

[11] 崔太金、郝雪琳、杨金东：《浙江杭州萧山东蜀山西汉墓发掘简报》，《文物》2021年第7期。

[12] 杨金东、崔太金：《杭州市萧山区黄家河墓群考古发掘重要收获》，《东方博物》2020年第4期。

[13] 杭州市文物考古研究所、萧山博物馆：《萧山溪头黄战国汉六朝墓》，文物出版社，2018年，第205页。

[15] 杨金东、崔太金：《杭州市萧山区黄家河墓群考古发掘重要收获》，《东方博物》2020第4期。

[15] 杭州市园林文物局、杭州市文物考古研究所：《最忆是杭州——新中国成立70周年杭州出土文物选编》，浙江人民美术出版社，2021年，第72页。

[16] 崔太金、郝雪琳、杨金东：《浙江杭州萧山东蜀山西汉墓发掘简报》，《文物》2021年第7期。

[17] 华丹：《萧山黄家河墓群汉代禽兽画像镜有角翼兽试析》，《东方博物》2020年第4期。

[18] 施加农：《新莽大泉五十叠铸铜母范》，《收藏家》1997年第2期。

CATALOGUE

目录

001

陶瓷篇

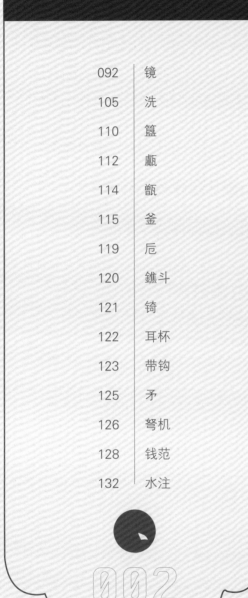

002

铜器篇

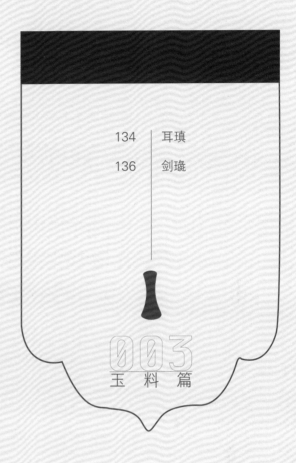

003

玉料篇

陶瓷器是萧山境内汉代遗存考古发掘中最主要的出土器物，博物馆收藏的汉代文物也以陶瓷器为主。其中原始瓷数量最多，其次为泥质陶、印纹硬陶和瓷器。

萧山在春秋战国时期是越国的陶瓷烧造中心，也是瓷器发源地之一，境内留存有大量春秋战国时期的窑址，其中位于进化镇大汤坞村的茅湾里窑址为全国重点文物保护单位。由于战乱和时局变动，萧山的陶瓷烧造在战国晚期至西汉初期曾一度衰落，直到东汉晚期，社会稳定，经济发展，萧山的陶瓷业又逐步走向兴盛，位于萧山戴村镇的东汉晚期至西晋时期的石盖、上董青瓷窑址就是最好的见证。

汉代原始瓷器跟萧山先秦时期的陶瓷烧造有一定的传承关系，但也并非完全是先秦时期当地传统陶瓷烧造的发展和延续，它是东汉成熟青瓷出现前的一种过渡产品，为东汉成熟瓷器的烧制成功打下了坚实的基础。这类原始瓷器的种类以汉代中原地区常见的鼎、盒、壶、钫等礼器为主，也有个别是传承了本地越文化的器形，如瓿、罍等。器物的施釉多采用喷或淋的方式，形成了产品阳面着釉，阴面无釉的特征。器物的胎质优劣不同，优者接近瓷器，劣者接近硬陶。器物的装饰技法以刻划、拍印、模印、堆贴为主。纹饰内容主要为粗细和凹凸各异的弦纹、波峰形态不同的水波纹、朝向不一的叶脉纹、图案迥异的几何纹等，部分为人面纹、"S"形纹和鸟纹等。器物的成型有泥条盘筑、轮制、捏塑及模制等，并辅以套接、黏合等手段。

泥质陶在出土数量上仅次于原始瓷，根据烧成温度的高低，主要分为泥质软陶和泥质硬陶。泥质软陶主要用于各类明器的制作，如灶、釜、甑、井等，器物装饰以素面为主，质地细腻而酥软，内胎普遍呈灰黑色。器物采用黏土为原料，以轮制为主。烧造温度在700~800℃。泥质硬陶主要用于制作各类日用器，尤以各种罐占大宗。器物装饰纹样和装饰技法与原始瓷基本相同。器物露胎呈色多样，有灰褐、红褐、暗红、砖红、灰红等色。一般色调越深，烧制温度越高。质地基本可分两类，一类较为粗糙，内含零星的细砂；一类较为细腻、纯净。成型方法以轮制为主。烧成温度一般在800~1000℃。

印纹陶器是一种以黏土为原料，采用泥条盘筑法成型，器表通体拍印各种几何纹的陶器。器物的烧造温度普遍较高，一般在800~1000℃。胎体致密而坚硬，胎色泛灰或呈紫红色，胎内普遍含有细砂和石英颗粒。印纹陶器是浙江乃至江南地区商周至战国时期随葬品的主要组成部分，具有浓郁的地域特色。入汉后，此类器物虽趋式微，但其制作方式和装饰手法贯穿于整个两汉时期，至六朝才逐渐消失，体现了传统文化的传承和发展。两汉时期的印纹陶器普遍用于日用器的制作，器形以罍为主，另有零星的罐、坛、瓮等。

瓷器主要是青瓷和酱色瓷，数量较少，主要有盘口壶、五管瓶等。器物装饰纹样较为简单。酱色瓷的釉层与青瓷相比相对较厚，光泽感较差，釉的成色略有深浅。同时，烧成温度似低于青瓷的1200~1300℃。

水波纹双耳原始瓷盖瓿

西汉早期

通高24.5厘米，外盖径12厘米，口径9.6厘米，腹径25厘米，底径16.5厘米

萧山北干山烈士陵园工地出土

    笠式盖，扁圆形捉钮，钮中心突起，瓿为直口，宽斜肩上安铺首，扁鼓腹，平底，下立三个瓦足。肩部饰三组弦纹，间饰两组水波纹。铺首面模印人面纹，短鼻，三角形眼，半月形嘴。下巴、双耳处共饰十枚乳钉纹，上下刻发须。阳面施釉，色深黄，有流釉现象，下腹露胎处呈黄褐色。

    瓿为日用器，是西汉至东汉初期的随葬品基本组合之一。瓿的早晚期变化主要体现在底部由三足转向平底，腹部由扁折趋向圆鼓，进而发展成弧腹，铺首位置逐渐下移并贴近器壁，至东汉早期改为双耳。该瓿有三个瓦足，铺首宽大并高出口沿，具有西汉早期的典型特征。

水波纹双耳原始瓷瓿

西汉早期

高18.4厘米，口径10.1厘米，腹径22.7厘米，底径12厘米

萧山北干山出土

　　直口，宽斜肩上安铺首，扁鼓腹，平底。铺首面模印人面纹，高出口沿，肩部刻划三组弦纹，间两组水波纹。阳面施釉。

水波纹双耳原始瓷瓿

西汉早期

高18厘米，口径10.1厘米，腹径22.5厘米，底径12.5厘米

萧山北干山出土

　　直口，宽斜肩上安铺首，扁鼓腹，平底。铺首面模印人面纹，高出口沿，肩部刻划三组弦纹，间两组水波纹。阳面施釉。

水波纹双耳原始瓷瓿

西汉早期

高19厘米，口径10厘米，腹径28厘米，底径15厘米

萧山北干山出土

　　直口，宽斜肩上安铺首，扁鼓腹，平底。铺首面模印人面纹，高出口沿，肩部刻划两组弦纹，间一组水波纹。

双耳原始瓷瓿

西汉早期

高18.8厘米，口径10.5厘米，腹径26.3厘米，底径15.2厘米

萧山北干山出土

　　直口，斜肩上安铺首，扁鼓腹，平底。铺首面模印人面纹，略高出口沿，肩部近口沿刻划一道细弦纹。釉层剥落。

双耳原始瓷瓿

西汉早中期
高19.4厘米，口径10厘米，腹径26厘米，底径15.8厘米
萧山北干山出土

　　直口，斜肩上安铺首，鼓腹，平底。铺首面模印人面纹，略高出口沿，一铺首残缺，肩部近口沿处刻划一道细弦纹。釉层剥落。

水波纹双耳原始瓷瓿

西汉中期
高18.8厘米，口径8.8厘米，腹径24.3厘米，底径11.8厘米
萧山北干山出土

　　直口，斜肩上安铺首，鼓腹，平底。铺首面模印人面纹，略高出口沿，肩部刻划三组弦纹，间两组水波纹。釉层剥落。

弦纹双耳原始瓷瓿

西汉中期
高23.6厘米，口径9.6厘米，腹径29.7厘米，底径16.5厘米
萧山北干山出土

　　直口，斜肩上安铺首，扁鼓腹，平底。铺首面模印人面纹，几乎与口沿齐平，肩部刻划两道细弦纹。阳面施釉。

水波纹双耳原始瓷瓿

西汉中期

高25.6厘米，口径10.3厘米，腹径30.2厘米，底径16.3厘米

萧山北干山采集

直口，斜肩上安铺首，鼓腹，平底。铺首面模印人面纹，略低于口沿，肩部刻划三组弦纹，间两组水波纹。阳面施釉。

双耳原始瓷瓿

西汉中期

高24.5厘米，口径11.1厘米，腹径29厘米，底径16.8厘米

萧山北干山采集

直口，斜肩上安铺首，鼓腹，平底。铺首面模印人面纹，低于口沿。阳面施釉。

弦纹双耳原始瓷瓿

西汉中期

高22.9厘米，口径10.7厘米，腹径30.2厘米，底径16.6厘米

萧山北干山出土

　　直口，斜肩上安铺首，鼓腹，平底。铺首面模印人面纹，低于口沿。肩部饰弦纹，阳面施釉。

双耳原始瓷瓿

西汉中晚期

高17.5厘米，口径9厘米，腹径21厘米，底径11厘米

萧山北干山出土

　　直口，斜肩上安铺首，鼓腹，平底。铺首面模印人面纹，低于口沿。釉层剥落。

弦纹双耳原始瓷瓿

西汉晚期

高27.2厘米，口径13厘米，腹径30厘米，底径16.5厘米

萧山北干山出土

　　敛口，宽沿，斜肩上安铺首，鼓腹，平底。铺首面模印人面纹，一铺首残缺，肩部刻划两道细弦纹。釉层剥落。

双耳原始瓷瓿

西汉晚期

高23.3厘米，口径11.5厘米，腹径27厘米，底径16厘米

萧山北干山出土

　　直口，斜肩上安铺首，鼓腹，平底。铺首面模印人面纹，低于口沿。阳面施釉。

弦纹双耳原始瓷瓿

西汉晚期

高25.9厘米，口径12.3厘米，腹径29.9厘米，底径17厘米

萧山博物馆旧藏

敛口，斜宽沿，斜肩上安铺首，鼓腹，平底。铺首面模印人面纹，器身整体饰密集的粗弦纹。釉层剥落。

弦纹双耳红陶瓿

西汉晚期

高19.5厘米，口径11厘米，腹径24厘米，底径13厘米

萧山裘江公社安桥二队（现属蜀山街道安桥社区）采集

直口，斜肩上安铺首，鼓腹，平底。铺首面模印人面纹，器身整体饰密集的粗弦纹。胎呈砖红色。

弦纹双耳红陶瓿

西汉晚期

高28厘米，口径12厘米，腹径29.6厘米，底径15.3厘米

1985年萧山城南溪头黄村湘湖啤酒厂工地（现属蜀山街道溪头黄社区）出土

　　直口，斜肩上安铺首，鼓腹，平底。铺首面模印人面纹，器身整体饰密集的粗弦纹。胎呈砖红色。

弦纹双耳原始瓷瓿

西汉晚期

高28厘米，口径12.9厘米，腹径27.3厘米，底径15.5厘米

萧山北干山出土

　　直口，宽沿，弧肩上安铺首，弧腹，平底。铺首面模印人面纹，器身整体饰密集的粗弦纹。釉层剥落。

弦纹双耳原始瓷瓿

西汉晚期

高27.4厘米，口径12.7厘米，腹径31.2厘米，底径16.6厘米

萧山北干山出土

　　敛口，斜宽沿，弧肩上安铺首，弧腹，平底。铺首面模印人面纹，肩部刻划两道细弦纹，下腹部饰密集的粗弦纹。釉层剥落。

弦纹双耳原始瓷瓿

西汉晚期

高17.5厘米，口径9.5厘米，腹径21厘米，底径13.5厘米

萧山北干山出土

　　直口，斜肩上安铺首，鼓腹，平底。铺首面模印人面纹，肩部饰密集的粗弦纹。釉层剥落。

弦纹双耳原始瓷瓿

西汉晚期
高20.3厘米，口径14厘米，腹径23厘米，底径13厘米
萧山北干山采集

直口，宽沿，斜肩上安铺首，鼓腹，平底。铺首面模印人面纹，上方贴有羊角形堆纹，肩部刻划两组弦纹，腹部刻划一组弦纹。阳面施釉，呈青黄色。

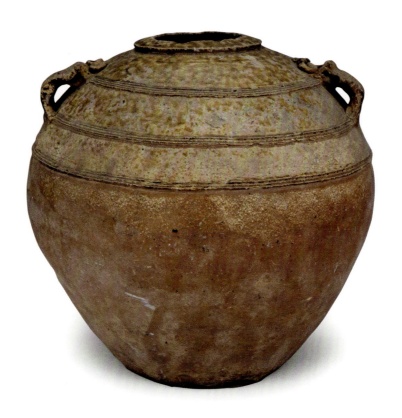

弦纹双耳原始瓷瓿

西汉晚期

高28.9厘米，口径11.5厘米，腹径30厘米，底径16厘米

萧山北干山采集

　　敛口，斜宽沿，弧肩上安铺首，鼓腹，平底。铺首面模印人面纹，上方贴有横向"S"形堆纹，肩及腹部饰三组凸弦纹。该瓿器形增高，下部趋瘦，具有明显西汉晚期特征。

弦纹双耳原始瓷瓿

西汉晚期
高29厘米，口径11厘米，腹径32厘米，底径16厘米
萧山北干山出土

敛口，斜宽沿，弧肩上安铺首，鼓腹，平底。铺首面模印人面纹，上方贴有羊角形堆纹，肩及腹部饰三组凸弦纹，间划两组简化鸟纹。釉层剥落。

弦纹双耳原始瓷瓿

新莽至东汉早期
高22厘米，口径11.5厘米，腹径23厘米，底径12.4厘米
萧山北干山出土

直口，宽沿，弧肩上安铺首，弧腹，平底。铺首面模印人面纹，上方贴有羊角形堆纹，肩部刻划三组凸弦纹，腹部饰密集的粗弦纹。釉层剥落。

弦纹双耳原始瓷瓿

新莽至东汉早期
高21.5厘米，口径11厘米，腹径22厘米，底径12厘米
萧山北干山出土

　　敛口，斜宽沿，弧肩上安铺首，弧腹，平底。铺首面模印人面纹，上方贴有横向"S"形堆纹，肩部刻划三组凸弦纹，腹部饰密集的粗弦纹。釉层剥落。

弦纹双耳原始瓷瓿

新莽至东汉早期
高24.8厘米，口径12厘米，腹径24.6厘米，底径15厘米
萧山北干山出土

　　敛口，斜宽沿，弧肩上安铺首，鼓腹，平底。铺首面模印人面纹，上方贴有横向"S"形堆纹，肩部刻划三组凸弦纹，腹部饰密集的粗弦纹。阳面施釉，呈黄绿色。

　　该器形制较小，铺首贴近肩部，腹部布满弦纹，是晚期的瓿形式，具有较典型的时代特征。

弦纹双耳原始瓷瓿

新莽至东汉早期

高25厘米，口径11.6厘米，腹径24.5厘米，底径12.7厘米

萧山杭齿厂南建房工地（西山脚下，现属城厢街道潇湘社区）出土

　　敛口，斜宽沿，弧肩上安铺首，弧腹，平底。铺首面模印人面纹，上方贴有横向"S"形堆纹，肩部刻划三组凸弦纹，腹部饰密集的粗弦纹。阳面施釉。

弦纹双耳原始瓷瓿

新莽至东汉早期

高24厘米，口径11.4厘米，腹径24厘米，底径12.5厘米

萧山杭齿厂南建房工地（西山脚下，现属城厢街道潇湘社区）出土

　　敛口，斜宽沿，弧肩上安铺首，弧腹，平底。铺首面模印人面纹，上方贴有横向"S"形堆纹，肩部刻划三组凸弦纹，腹部饰密集的粗弦纹。阳面施釉。

弦纹双耳原始瓷瓿

新莽至东汉早期
高23.3厘米，口径11.5厘米，腹径27厘米，底径16厘米
萧山北干山出土

　　敛口，斜宽沿，弧肩上安铺首，弧腹，平底。铺首面模印人面纹，肩部刻划两组凸弦纹，腹部饰密集的粗弦纹。釉层剥落。

弦纹双耳原始瓷瓿

新莽至东汉早期
高23厘米，口径11厘米，腹径23厘米，底径13.5厘米
萧山北干山出土

敛口，斜宽沿，弧肩上安铺首，弧腹，平底。铺首面模印人面纹，肩部刻划三组凸弦纹，腹部饰密集的粗弦纹。釉层剥落。

弦纹双耳原始瓷瓿

东汉早期
高24.3厘米，口径11.3厘米，腹径23厘米，底径13.5厘米
萧山北干山出土

敛口，斜宽沿，弧肩上安铺首，弧腹，平底。铺首面模印人面纹，肩部刻划三组凸弦纹，腹部饰密集的粗弦纹。釉层剥落。

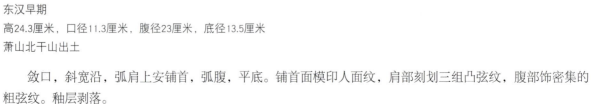

弦纹双耳原始瓷瓿

东汉早期

高24厘米，口径11.8厘米，腹径25.2厘米，底径14.3厘米

萧山北干山出土

　　敛口，斜宽沿，弧肩上安铺首，弧腹，平底。铺首面模印人面纹，贴有横向"S"形堆纹，下方贴衔环，肩部刻划两组凸弦纹，腹部饰密集的粗弦纹。阳面施釉。

弦纹双耳原始瓷瓿

东汉早期

高27.2厘米，口径13厘米，腹径29厘米，底径14厘米

萧山北干山出土

　　敛口，宽沿，弧肩上安铺首，弧腹，平底。铺首面模印人面纹，肩部刻划两组凸弦纹，腹部饰密集的粗弦纹。釉层剥落。

水波纹双耳原始瓷敞口壶

西汉早期
高26.7厘米，口径12.4厘米，腹径19.5厘米，底径11.6厘米
萧山北干山出土

　　敞口，长颈，弧肩上安绚索形双耳，鼓腹，高圈足。肩部刻划三组弦纹和两组水波纹。阳面施釉，呈青绿色，有流釉现象。

　　此类敞口壶为礼器，主要流行于西汉时期，是当时随葬品的基本组合之一。其变化主要体现在口沿逐渐外展，圈足由高渐低直到转为平底。

水波纹双耳原始瓷敞口壶

西汉早期

高28.7厘米，口径11厘米，腹径20.8厘米，底径12.3厘米

萧山北干山出土

敞口，长颈，弧肩上安绹索形双耳，鼓腹，高圈足。肩部刻划三组弦纹和两组水波纹。阳面施釉。

水波纹双耳原始瓷敞口壶

西汉早期

高24厘米，口径10.5厘米，腹径20厘米，底径10.7厘米

萧山北干山出土

　　敞口，长颈，弧肩上安绚索形双耳，鼓腹，矮圈足。肩部刻划三组弦纹和两组水波纹。阳面施釉。

水波纹双耳原始瓷敞口壶

西汉早期

高24.1厘米，口径10.6厘米，腹径18.2厘米，底径11.5厘米

萧山北干山出土

　　敞口，口沿有残缺，长颈，弧肩上安绚索形双耳，鼓腹，矮圈足。肩部刻划三组弦纹和两组水波纹。阳面施釉。

水波纹双耳原始瓷敞口壶

西汉早期

高25.5厘米，口径10厘米，腹径17厘米，底径11.5厘米

萧山城南（现属蜀山街道）采集

　　敞口，长颈，弧肩上安绚索形双耳，鼓腹，矮圈足。肩部刻划三组弦纹和两组水波纹。阳面施釉。釉层剥落。

弦纹双耳侈口原始瓷壶

西汉中期

高29厘米，口径10.7厘米，腹径24厘米，底径14.8厘米

萧山北干山出土

　　侈口，颈略短，弧肩上安双耳，鼓腹，平底。耳面模印叶脉纹，器身饰密集的粗弦纹。阳面施釉。

弦纹双耳侈口原始瓷壶

西汉中期
高24.7厘米，口径11.3厘米，腹径19.5厘米，底径18.3厘米
萧山北干山出土

　　侈口，粗短颈，弧肩上安双耳，弧腹，平底。耳面模印叶脉纹，肩部刻划一道细弦纹，腹部饰密集的粗弦纹。阳面施釉。

弦纹双耳侈口原始瓷壶

西汉中期
高24.8厘米，口径11.4厘米，腹径20.3厘米，底径12.9厘米
萧山北干山出土

　　侈口，粗短颈，弧肩上安双耳，弧腹，平底。耳面模印叶脉纹，腹部饰密集的粗弦纹。阳面施釉，釉层剥落。

弦纹双耳原始瓷小口壶

西汉中期

高24厘米，口径5.5厘米，腹径18厘米，底径11厘米

萧山东蜀山白云矿（现属所前镇城南村东蜀山）采集

　　小束口，细短颈，弧肩上安双耳，鼓腹，平底。耳面模印叶脉纹，肩部刻划一组弦纹。阳面施釉。

弦纹原始瓷小口壶

西汉中期
高27厘米，口径6.7厘米，腹径19.5厘米，底径11.5厘米
萧山北干山出土

　　小束口，口沿残缺，细短颈，弧肩上安双耳，残缺，鼓腹，平底。肩部刻划三组弦纹。阳面施釉。

弦纹铺首衔环双耳原始瓷壶

西汉中期

高36.5厘米，口径13.5厘米，腹径26.5厘米，底径15.5厘米

萧山湘湖煤气站工地（现属蜀山街道联华社区）出土

　　敞口，粗颈，弧肩上安铺首衔环，弧腹，平底。口沿外壁和颈部刻划两组水波纹，肩部刻划两周弦纹，腹部饰密集的粗弦纹，耳面模印叶脉纹，铺首两角贴饰乳钉纹各一枚。阳面施釉。

弦纹铺首衔环双耳原始瓷壶

西汉中期

高46厘米，口径16厘米，腹径35厘米，底径19.5厘米

萧山湘湖煤气站工地（现属蜀山街道联华社区）出土

　　敞口，粗颈，弧肩上安铺首衔环，鼓腹，卧足。口沿外壁和颈部刻划两组水波纹，肩部饰三组凸弦纹，腹部饰密集的粗弦纹，耳面模印叶脉纹，铺首两角贴饰乳钉纹各一枚。阳面施釉。

水波纹衔环双耳原始瓷壶

西汉中期
高43厘米，口径19.1厘米，腹径37.2厘米，底径20.4厘米
萧山来苏公社东蜀山（现属所前镇城南村东蜀山）出土

　　敞口，粗颈，弧肩上安衔环双耳，鼓腹，卧足。口沿外壁和颈部刻划两组水波纹，肩部刻划三组弦纹，第一和第二组弦纹之间刻划一组水波纹，耳面模印叶脉纹，上方一件贴饰横向"S"形堆纹，另一件贴饰羊角形堆纹。阳面施釉，呈青绿色。这一对敞口壶器形硕大，完好无损，实属难得。

水波纹衔环双耳原始瓷壶

西汉中期

高42.7厘米，口径18.5厘米，腹径39.8厘米，底径19.8厘米

萧山来苏公社东蜀山（现属所前镇城南村东蜀山）出土

水波纹双耳原始瓷壶

西汉中晚期

高28厘米，口径11.4厘米，腹径20.2厘米，底径12.4厘米

萧山来苏公社东蜀山白云矿（现属所前镇城南村东蜀山）采集

敞口，粗颈，弧肩上安双耳鼓腹，卧足。口沿外壁和颈部刻划两组水波纹，肩部刻划一周弦纹，腹部饰密集的粗弦纹，耳面模印叶脉纹。胎体多处鼓泡，阳面施釉。

弦纹双耳原始瓷小壶

西汉晚期

高13.8厘米，口径5.6厘米，腹径13.1厘米，底径7.1厘米

萧山城北荣星村（现属北干街道荣星村）采集

敞口，短颈内弧，弧肩上安双耳，扁鼓腹，平底。肩腹部饰密集的粗弦纹，耳面模印叶脉纹。阳面施釉。

弦纹原始瓷小壶

西汉晚期
高14.8厘米，口径5厘米，腹径9.8厘米，底径8厘米
萧山北干山出土

　　小束口，短束颈，弧腹，平底。腹部饰粗弦纹。
阳面施釉，釉层剥落。

水波纹双耳小壶

西汉晚期
高13厘米，口径5厘米，腹径13厘米，底径10.4厘米
萧山北干山出土

　　小束口，口沿残缺，细短颈，斜肩上安双耳，扁鼓腹，平
底。腹部饰粗弦纹。肩部刻划四组水波纹，耳面模印叶脉纹。阳
面施釉。

弦纹双耳喇叭口原始瓷壶

西汉晚期
高44.5厘米，口径17.2厘米，腹径37厘米，底径15厘米
萧山北干山采集

　　喇叭口，粗颈，弧肩上安衔环双耳，鼓腹，卧足。口沿外壁和颈部刻划两组水波纹，肩部饰三组粗弦纹，耳面模印叶脉纹，上方贴饰羊角形堆纹。阳面施釉。

弦纹双耳喇叭口原始瓷壶

西汉晚期

高39.4厘米，口径15.6厘米，腹径29.4厘米，底径15.1厘米

萧山北干山采集

喇叭口，粗颈，弧肩上安双耳，鼓腹，卧足。口沿外壁和颈部刻划两组水波纹，肩部饰三组凸弦纹，耳面模印叶脉纹，上方贴饰横向"S"形堆塑。釉层剥落。

弦纹双耳喇叭口原始瓷壶

西汉晚期

高39.4厘米，口径15.6厘米，腹径29.4厘米，底径15.1厘米

萧山溪头黄村（现属蜀山街道溪头黄社区）出土

喇叭口，粗颈，弧肩上安双耳，鼓腹，平底。口沿外壁和颈部刻划两组水波纹，肩部饰三组凸弦纹，间饰两组简化鸟纹，耳面模印叶脉纹，上方贴饰横向"S"形堆纹。阳面施釉。

弦纹双耳喇叭口原始瓷壶

西汉晚期

高35.7厘米，口径15.6厘米，腹径27.6厘米，底径15厘米

萧山城南公社东山夏大队（现属所前镇越王村东山夏自然村）采集

　　喇叭口，粗颈，弧肩上安衔环双耳，鼓腹，卧足。口沿外壁和颈部刻划两组水波纹，肩部饰三组凸弦纹，耳面模印叶脉纹，上方贴饰横向"S"形堆纹。阳面施釉。

弦纹双耳喇叭口原始瓷壶

西汉晚期

高39.5厘米，口径15.6厘米，腹径29.2厘米，底径15.2厘米

萧山北干山出土

　　喇叭口，粗颈，弧肩上安双耳，鼓腹，平底。口沿外壁和颈部刻划两组水波纹，肩部饰三组凸弦纹，耳面模印叶脉纹，上方贴饰横向"S"形堆纹。阳面施釉。

双耳喇叭口原始瓷壶

西汉晚期

高31.3厘米，口径14厘米，腹径22厘米，底径13厘米

萧山北干山出土

喇叭口，粗颈，弧肩上安双耳，弧腹，卧足。口沿外壁和颈部刻划两组水波纹，肩部饰三组凸弦纹，间饰两组简化鸟纹，耳面模印叶脉纹，上方贴饰横向"S"形堆纹。阳面施釉。

双耳喇叭口原始瓷壶

西汉晚期

高31.1厘米，口径14.2厘米，腹径22.2厘米，底径13.3厘米

萧山北干山出土

喇叭口，粗颈，弧肩上安双耳，弧腹，卧足。口沿外壁和颈部刻划两组水波纹，肩部饰三组凸弦纹，间饰两组简化鸟纹，耳面模印叶脉纹，上方贴饰横向"S"形堆纹。阳面施釉。

弦纹双耳喇叭口原始瓷壶

西汉晚期

高21厘米，口径10厘米，腹径15厘米，底径9.5厘米

萧山北干山出土

喇叭口，粗颈，弧肩上安双耳，鼓腹，卧足。颈部刻划一组水波纹，肩部饰两组凸弦纹，腹部饰密集的粗弦纹，耳面模印叶脉纹。阳面施釉。

弦纹双耳喇叭口原始瓷壶

西汉晚期

高25.9厘米，口径12.7厘米，腹径18.8厘米，底径11.5厘米

萧山北干山出土

喇叭口，粗颈，弧肩上安双耳，鼓腹，卧足。颈部刻划一组水波纹，肩部刻划两组弦纹，腹部饰密集的粗弦纹，耳面模印叶脉纹。阳面施釉。

弦纹双耳喇叭口原始瓷壶

西汉晚期
高27.3厘米，口径12.6厘米，腹径19.5厘米，底径11.1厘米
萧山北干山出土

    喇叭口，粗颈，弧肩上安衔环双耳，鼓腹，卧足。颈部刻划一组水波纹，肩部饰两组凸弦纹，腹部饰密集的粗弦纹，耳面模印叶脉纹，上方贴饰羊角形堆纹。阳面施釉。

弦纹双耳喇叭口原始瓷壶

新莽至东汉早期

高28厘米，口径15厘米，腹径20厘米，底径12厘米

萧山坎山（现属瓜沥镇）采集

　　喇叭口，粗颈，弧肩上安双耳，弧腹，平底。颈部刻划一组水波纹，肩部饰两组凸弦纹，腹部饰密集的粗弦纹，耳面模印叶脉纹。阳面施釉。

弦纹双耳喇叭口原始瓷壶

新莽至东汉早期

高27.6厘米，口径12.1厘米，腹径20厘米，底径12.2厘米

萧山北干山出土

　　喇叭口，粗短颈，弧肩上安双耳，弧腹，平底。颈部刻划一组水波纹，肩部饰三组凸弦纹，腹部饰密集的粗弦纹，耳面模印叶脉纹。阳面施釉。

弦纹衔环双耳原始瓷盘口壶

西汉晚期
高27.5厘米，口径10.5厘米，腹径21.5厘米，底13.5厘米
萧山溪头黄村（现属蜀山街道溪头黄社区）出土

　　盘口，粗颈，弧肩上安衔环双耳，鼓腹，圈足。口沿外壁和颈部刻划两组水波纹，肩部饰三组凸弦纹，间饰一组水波纹，耳面模印叶脉纹，上方贴饰羊角形堆纹。阳面施釉。

　　盘口壶为日用器，是西汉中期至东汉晚期随葬品基本组合之一。其器形演变规律主要表现为：盘口从深向浅发展，腹部从圆鼓向圆弧发展，底由圈足过渡到平底。

弦纹衔环双耳原始瓷盘口壶

西汉晚期

高33.7厘米，口径12厘米，腹径26.5厘米，底径12.7厘米

萧山博物馆旧藏

　　盘口，粗颈，弧肩上安铺首衔环双耳，鼓腹，矮圈足。口沿外壁和颈部刻划两组水波纹，腹部饰密集的粗弦纹，耳面模印叶脉纹。釉层剥落。

弦纹双耳原始瓷盘口壶

西汉晚期

高28.1厘米，口径11.9厘米，腹径23厘米，底径12.6厘米

萧山城南东蜀山（现属所前镇城南村东蜀山）采集

　　盘口，粗颈，弧肩上安双耳，鼓腹，卧足。口沿外壁和颈部刻划两组水波纹，肩部饰两组弦纹，腹部饰密集的粗弦纹，耳面模印叶脉纹。阳面施釉。

弦纹双耳原始瓷盘口壶

新莽至东汉早期
高26厘米，口径10厘米，腹径19厘米，底径10厘米
萧山博物馆旧藏

　　盘口，粗短颈，弧肩上安双耳，弧腹，卧足。肩腹部饰密集的粗弦纹，耳面模印叶脉纹。阳面施釉。

弦纹双耳原始瓷盘口壶

新莽至东汉早期
高29.5厘米，口径12.3厘米，腹径19.3厘米，底径9.3厘米
萧山北干山出土

　　盘口，粗颈，弧肩上安双耳，弧腹，平底。肩部刻划两组弦纹，腹部饰密集的粗弦纹，耳面模印叶脉纹。阳面施釉。

弦纹双耳原始瓷盘口壶

新莽至东汉早期
高36.3厘米，口径14.8厘米，腹径24.3厘米，底径13厘米
萧山博物馆旧藏

  盘口，粗颈，弧肩上安双耳，弧腹，平底。颈部刻划一组水波纹，肩部刻划两组弦纹，腹部饰密集的粗弦纹，耳面模印叶脉纹。胎体青灰色，阳面施釉。

弦纹双耳原始瓷盘口壶

新莽至东汉早期
高20厘米，口径9厘米，腹径14厘米，底径9厘米
萧山北干山出土

　　盘口，粗颈，弧肩上安双耳，弧腹，平底。颈部饰两周弦纹，肩部刻划两组弦纹，腹部饰密集的粗弦纹，耳面模印叶脉纹。阳面施釉。

弦纹双耳原始瓷盘口壶

新莽至东汉早期
高20厘米，口径9.2厘米，腹径15厘米，底径8.5厘米
萧山北干山出土

　　盘口，粗颈，弧肩上安双耳，弧腹，平底。肩部刻划两道弦纹，腹部饰密集的粗弦纹，耳面模印叶脉纹。釉层脱落。

水波纹双耳原始瓷盘口壶

东汉早期

高31厘米，口径14.9厘米，腹径25厘米，底径11.7厘米

萧山北干山出土

　　盘口，粗颈，斜肩上安双耳，鼓腹，平底。肩部刻划两组弦纹，间饰一组水波纹，耳面模印叶脉纹。阳面施釉。

弦纹双耳原始瓷盘口壶

东汉早期

高26.5厘米，口径13.4厘米，腹径21厘米，底径11.5厘米

萧山北干山出土

　　盘口，粗颈，弧肩上安双耳，鼓腹，平底。肩部刻划三道弦纹，腹部饰密集的粗弦纹，耳面模印叶脉纹。釉层脱落。

弦纹双耳原始瓷盘口壶

东汉早期

高22.3厘米，口径11.2厘米，腹径18厘米，底径8.7厘米

萧山北干山出土

　　盘口，粗短颈，弧肩上安双耳，鼓腹，平底。肩部刻划两组弦纹，间饰一组水波纹，腹部饰密集的粗弦纹，耳面模印人面纹。釉层脱落。

弦纹双耳原始瓷盘口壶

东汉早中期
高33.5厘米，口径13.8厘米，腹径26厘米，底径12.9厘米
萧山博物馆旧藏

　　盘口，粗短颈，斜肩上安双耳，鼓腹，平底。颈部刻划一组水波纹，肩部刻划两组弦纹，腹部饰密集的粗弦纹，耳面模印叶脉纹。阳面施釉。

弦纹双耳原始瓷盘口壶

东汉中期
高33.5厘米，口径15.6厘米，腹径26.7厘米，底径13厘米
萧山北干山采集

　　盘口，粗短颈，斜肩上安双耳，扁鼓腹，平底。颈部刻划一组水波纹，肩部刻划两组弦纹，腹部饰密集的粗弦纹，耳面模印叶脉纹。阳面施釉。

弦纹双耳原始瓷盘口壶

东汉中期
高31.8厘米，口径15.2厘米，腹径24厘米，底径13.8厘米
萧山北干山出土

　　盘口，粗短颈，弧肩上安双耳，鼓腹，平底。颈部刻划一组水波纹，肩部刻划两组弦纹，腹部饰密集的粗弦纹，耳面模印叶脉纹。阳面施釉。

弦纹双耳原始瓷盘口壶

东汉中期
高27.5厘米，口径14.2厘米，腹径22.3厘米，底径12.6厘米
萧山北干山出土

　　盘口，残缺，粗短颈，弧肩上安双耳，球鼓腹，平底。颈部刻划一组水波纹，肩部刻划两组弦纹，腹部饰密集的粗弦纹，耳面模印叶脉纹。阳面施釉。

弦纹双耳酱釉瓷盘口壶

东汉中期
高23.5厘米，口径12.5厘米，腹径21厘米，底径12厘米
萧山北干山电梯厂工地出土

　　盘口外撇，粗短颈，弧肩上安双耳，扁鼓腹，平底。颈部刻划一组水波纹，肩部饰密集的细弦纹，腹部饰密集的粗弦纹，耳面模印复线十字纹。施酱褐色釉，不及底。

水波纹双耳原始瓷锺

东汉中期

高29.8厘米，口径10.8厘米，腹径18.7厘米，底径16厘米

萧山义桥赵一大队（现属义桥镇联三村赵一自然村）采集

　　盘口略内敛，粗颈，斜肩上安双耳，扁鼓腹，高圈足。口沿外壁和肩部均饰两组弦纹间一组水波纹，腹部饰密集的粗弦纹，耳面模印相对的叶脉纹，高圈足下部有两道凸脊，上部两侧各有一个圆形小孔。施青黄色釉。

　　锺为日用器，东汉时期随葬品基本组合之一，主要流行于东汉早期和中期。早晚期变化表现为腹部由圆鼓趋向扁折，圈足由矮渐高。

水波纹双耳原始瓷锺

东汉中期
高33.9厘米，口径14.2厘米，腹径22.3厘米，底径15.8厘米
萧山来苏白云矿（现属所前镇城南村东蜀山）出土

　　盘口，粗长颈，斜肩上安双耳，扁鼓腹，高圈足。肩部刻划两组弦纹间一组水波纹，耳面模印相对的叶脉纹，高圈足中部有一道凸脊。施青黄色釉。

原始瓷盖鼎

西汉早期

通高18.4厘米，宽21厘米，盖高7.5厘米，盖径17厘米，口径14.5厘米，底径11厘米，足高3.1厘米

萧山北干山出土

　　弧面盖顶，上立三钟形盖钮。鼎为子母口，立耳略内收，弧腹较深，平底下附三蹄形足。腹部饰一周凸棱，耳面模印简单的粗短线纹。盖面及耳部见釉。

　　鼎为礼器，盛行于西汉，是随葬品的基本组合之一。鼎的器形演变规律主要体现在：盖钮从环形提钮改为钟形乳钉状钮，进而过渡到无钮弧面顶，立耳逐渐降低，三足也由高渐低，最后改为平底。此类鼎具有中原汉文化风格，与越地原有的越式鼎不同，它的传入也表明了汉代中原礼制在南方开始盛行。

原始瓷盖鼎

西汉早期

通高18.5厘米，宽21厘米，盖高4.8厘米，盖径16厘米，口径17厘米，底径11厘米，足高4.7厘米

萧山城南（现属蜀山街道）出土

　　盖顶略平，上立三钟形盖钮。鼎为子母口，立耳外撇，弧腹较深，平底下附三蹄形足。腹部饰一周阶梯状棱，耳面模印简单的粗短线纹。盖面及耳部见釉。

原始瓷盖鼎

西汉早期

通高17.6厘米，宽22厘米，盖高4.5厘米，盖径17厘米，口径15厘米，底径9.5厘米，足高3.2厘米

萧山北干山出土

　　盖顶略平，上立三乳钉形盖钮。鼎为子母口，立耳外撇，弧腹较深，平底下附三蹄形足。腹部饰较浅的粗弦纹，耳面模印简单的粗短线纹。盖面及耳部见釉。

原始瓷盖鼎

西汉中期

通高18.8厘米，宽21厘米，盖高6.5厘米，盖径17.2厘米，口径16厘米，底径10.1厘米，足高2.5厘米

萧山北干山出土

　　盖顶略平，上立三乳钉形盖钮。鼎为子母口，立耳外撇，弧腹较深，平底下附三蹄形足。腹部饰较浅的粗弦纹，耳面模印简化兽面纹，足部模印兽面纹。盖面及耳部见釉。

原始瓷鼎

西汉早期

通高16.3厘米，宽22厘米，口径16厘米，底径10.9厘米，足高3.3厘米

萧山北干山出土

　　盖缺失。鼎为子母口，立耳外撇，弧腹较深，平底下附三蹄形足。耳面模印简单的粗短线纹。

原始瓷鼎

西汉中期

残高12厘米，口径15.6厘米，底径10.7厘米，足高2.0厘米

萧山博物馆旧藏

　　盖缺失。鼎为子母口，立耳残缺，弧腹较深，平底下附三蹄形足。

原始瓷盖鼎

西汉中期

通高19厘米，宽22厘米，盖高4.6厘米，盖径18.5厘米，口径15.8厘米，底径12.6厘米，足高3.3厘米

萧山西山冷气制品厂工地（现属萧山城厢街道西山脚下）采集

　　弧面盖顶，上立三乳钉形盖钮。立耳略外撇，弧腹较深，平底下附三蹄形足。盖面刻划两组弦纹，间饰两组篦点戳印纹，耳面模印简化兽面纹，足部模印兽面纹。盖面及耳部见釉。

原始瓷盖盒

西汉早期

通高16.8厘米，盖径18厘米，内口径16.3厘米，底径10.6厘米

萧山北干山出土

　　弧面盖顶，塔形捉钮。盒为子母口，深弧腹，平底。钮外围盖面刻划两组弦纹，间两组水波纹，腹部饰较浅的粗弦纹。釉层剥落。

　　盒为礼器，西汉时期随葬品的基本组合之一。盒的器形演变规律主要体现在：盒身由矮胖、丰满趋向瘦削，盒顶捉钮从圈足状改为乳钉形，最后变为弧面或平面顶，整体变化较为简单、缓慢。

原始瓷盖盒

西汉早期

通高16.5厘米，盖径17厘米，内口径15.5厘米，底径10厘米

萧山北干山出土

　　覆钵形盖，圈足形捉钮。盒为子母口，深弧腹，平底。腹部和盖面均刻划两道弦纹。盖面施釉。

原始瓷盖盒

西汉早期

通高17.6厘米，盖径17.8厘米，内口径16.7厘米，底径9.1厘米

萧山北干山出土

　　覆钵形盖，圈足形捉钮。盒为子母口，深弧腹，平底。腹部和盖面均刻划两道弦纹。盖面施釉。

原始瓷盖盒

西汉早期

通高16厘米，盖径17.1厘米，内径15厘米，底径9.5厘米

萧山北干山出土

　　平面顶盖。盒为子母口，深弧腹，平底。腹部阴刻一道粗弦纹，盖面刻划两组弦纹。盖面施釉。

原始瓷钫

西汉

高38.2厘米，口径11.8厘米×11.6厘米，底径13.9厘米×12.8厘米

萧山博物馆旧藏

　　方形侈口，粗短颈，弧肩上安双耳，器身略丰满，鼓腹，高圈足略外撇。耳上方贴饰铺首，耳面模印叶脉纹。釉面剥落。

　　钫为礼器，见于西汉早期至中期，多呈偶数随葬于西汉时期的中型墓内。早晚期变化表现为：腹部由瘦削转向丰满，底部由高圈足变为低圈足，最后成平底。

原始瓷素面罐

西汉早期

高12厘米，口径8.9厘米，腹径17厘米，底径10.5厘米

萧山北干山出土

　　无耳，直口，扁鼓腹，平底。素面无纹，阳面施釉。

　　罐是两汉时期最为常见、品种丰富的日用器皿之一。素面罐流行于西汉至东汉早期。

双耳原始瓷素面罐

西汉中期

高14.8厘米，口径9厘米，腹径19厘米，底径10.5厘米

萧山北干山出土

　　直口，斜肩上安双耳，扁鼓腹，平底。器身素面，耳面模印叶脉纹。阳面施釉。

双耳原始瓷素面罐

西汉中期

高17厘米，口径10厘米，底径10.3厘米

萧山北干山出土

　　直口，斜肩上安双耳，鼓腹，平底。器身素面，耳面模印叶脉纹。阳面施釉。

原始瓷素面罐

西汉中期
高31.3厘米，口径18.2厘米，腹径38厘米，底径18厘米
萧山北干山采集

　　无耳，直口，扁鼓腹，平底。器形高大，器身素面。阳面施釉。

双耳原始瓷弦纹罐

西汉中期

高20.3厘米，口径14厘米，腹径23厘米，底径13厘米

萧山北干山出土

　　侈口，弧肩上安双耳，鼓腹，平底。通体饰弦纹，耳面模印绚索纹，阳面施釉，呈酱褐色。弦纹罐流行于两汉时期。在直口的基础上相继派生出侈口和翻沿口两种亚型，并各成体系。

双耳红陶弦纹罐

西汉中期

高21厘米，口径13厘米，腹径23厘米，底径14厘米

萧山北干山出土

　　直口，弧肩上安双耳，深弧腹，平底。器身饰弦纹，耳面模印叶脉纹，胎呈砖红色。

双耳红陶弦纹罐

西汉中期
高24厘米，口径14.5厘米，腹径23厘米，底径15.5厘米
萧山北干山出土

直口，弧肩上安双耳，深弧腹，平底。器身饰弦纹，耳面模印叶脉纹，胎呈砖红色。

双耳原始瓷罐

西汉晚期
高25厘米，口径13厘米，腹径24厘米，底径14.5厘米
萧山北干山出土

侈口，弧肩上安双耳，深弧腹，平底，整体呈橄榄形。器身隐约有旋胎纹，耳面模印叶脉纹。釉面剥落。

弦纹双耳原始瓷罐

西汉中期

高17.5厘米，口径9.5厘米，腹径19厘米，底径10厘米

萧山北干山出土

　　直口，弧肩上安双耳，鼓腹，平底。耳面模印叶脉纹，器身饰密集的粗弦纹。阳面施釉。

弦纹双耳侈口原始瓷罐

西汉中期

高20厘米，口径14厘米，腹径22.8厘米，底径16厘米

萧山北干山出土

　　侈口，束颈，弧肩上安双耳，鼓腹，平底。耳面模印叶脉纹，肩部刻划三组细弦纹，腹部饰密集的粗弦纹。

双耳原始瓷泡菜罐

西汉晚期

高24.4厘米，外口径21.3厘米，内口径11.4厘米，腹径24.5厘米，底径12.6厘米

萧山北干山采集

　　双重口，内直外撇，外口略高于内口，弧肩上安双耳，弧腹，平底。通体饰密集的粗弦纹，耳面模印叶脉纹。

双耳红陶泡菜罐

新莽至东汉初期

高20.8厘米，外口径17.6厘米，内口径8.9厘米，腹径19厘米，底径11.3厘米

萧山北干山采集

　　双重口，内直外撇，外口略低于内口，弧肩上安双耳，弧腹，平底。通体饰密集的粗弦纹，耳面模印叶脉纹。

双耳红陶弦纹罐

西汉晚期

高14.3厘米，口径11.5厘米，腹径16.2厘米，底径8.4厘米

萧山北干山出土

　　侈口，弧肩上安双耳，弧腹，平底。通体饰密集的粗弦纹，耳面模印叶脉纹。

双耳灰陶弦纹罐

西汉晚期

高10.4厘米，口径10厘米，腹径13.5厘米，底径7厘米

萧山北干山出土

　　侈口，弧肩上安双耳，鼓腹，平底。通体饰密集的粗弦纹，耳面模印叶脉纹。

双耳原始瓷弦纹罐

西汉晚期

高8.1厘米，口径9.6厘米，腹径12.4厘米，底径7.1厘米

萧山北干山出土

　　侈口，弧肩上安双耳，扁鼓腹，平底。通体饰密集的粗弦纹，耳面模印叶脉纹。

双耳红陶弦纹罐

东汉早期

高15.9厘米，口径11.8厘米，腹径17.3厘米，底径9.8厘米

萧山来苏文化站（现属所前镇）上交

　　翻沿口，弧肩上安双耳，弧腹，平底。通体饰密集的粗弦纹，耳面模印叶脉纹。

双耳红陶弦纹罐

东汉早期

高18厘米，口径11.8厘米，腹径19.7厘米，底径11.6厘米

萧山北干山出土

　　翻沿口，弧肩上安双耳，鼓腹，平底。肩部刻划两组细弦纹，腹部饰密集的粗弦纹，耳面模印叶脉纹，上方贴饰横向"S"形堆纹。

双耳原始瓷弦纹罐

东汉早中期

高25.7厘米，口径16厘米，腹径27厘米，底径12.6厘米

萧山北干山出土

　　侈口，弧肩上安双耳，鼓腹，平底。肩部刻划两组细弦纹，腹部饰密集的粗弦纹，耳面模印相对叶脉纹。阳面施釉。

双耳原始瓷弦纹罐

东汉中期

高23.8厘米，口径17.4厘米，腹径25厘米，底径12.2厘米

萧山北干山出土

侈口，弧肩上安双耳，鼓腹，平底。通体饰密集的细弦纹，耳面模印相对叶脉纹。阳面施釉。

水波纹双耳原始瓷罐

东汉中晚期

高24.5厘米，口径18.1厘米，腹径24厘米，底径12.4厘米

萧山北干山出土

盘口，弧肩上安双耳，弧腹，平底。肩部刻划两道弦纹，间刻一组水波纹，耳面模印相对叶脉纹。釉面剥落。

双耳原始瓷罐

东汉晚期

高10.8厘米，口径10.9厘米，腹径16厘米，底径7.3厘米

萧山北干山出土

盘口，弧肩上安双耳，扁鼓腹，平底。耳面模印相对叶脉纹。

双耳原始瓷瓿式罐

西汉晚期
高27.6厘米，口径14厘米，腹径27厘米，底径15厘米
萧山北干山出土

　　敛口宽沿，弧肩上安双耳，深弧腹，平底。肩部划两组细弦纹，腹部饰密集的粗弦纹，耳面模印叶脉纹。阳面施釉。

　　此类瘦高形的瓿式罐流行于西汉晚期至东汉晚期，器物造型与瓿相似，唯肩部铺首改为环形耳。

弦纹双耳原始瓷瓿式罐

新莽至东汉早期
高25.7厘米，口径13厘米，腹径25厘米，底径13厘米
萧山北干山出土

　　直口，弧肩上安双耳，弧腹，平底。系面模印相对的叶脉纹，肩部刻划两组凸弦纹，腹部饰密集的粗弦纹。釉层剥落。

弦纹双耳原始瓷瓿式罐

东汉早中期
高26厘米，口径13厘米，腹径27厘米，底径13.5厘米
萧山溪头黄村（现属蜀山街道溪头黄社区）出土

　　直口，弧肩上安双耳，弧腹，平底。系面模印相对的叶脉纹，肩部刻划两组凸弦纹，腹部饰密集的密集的粗弦纹。阳面施釉。

弦纹双耳原始瓷瓿式罐

东汉中期
高22.8厘米，口径10.9厘米，腹径24.5厘米，底径12.8厘米
萧山博物馆旧藏

　　直口，弧肩上安双耳，弧腹，平底。系面模印相对的叶脉纹，肩部刻划两组凸弦纹，腹部饰密集的粗弦纹。阳面施釉。

弦纹双耳原始瓷瓿式罐

东汉中期

高25.5厘米，口径13厘米，腹径25厘米，底径12.6厘米

萧山北干山出土

敛口，斜宽沿，弧肩上安双耳，弧腹，平底。系面模印相对的叶脉纹，肩部刻划两组凸弦纹，腹部饰密集的粗弦纹。釉层剥落。

弦纹双耳红陶瓿式罐

东汉中期

高24.8厘米，口径12.8厘米，腹径26厘米，底径14.5厘米

萧山北干山出土

敛口，斜宽沿，弧肩上安双耳，弧腹，平底。系面模印相对的叶脉纹，肩部刻划两组凸弦纹，腹部饰密集的粗弦纹。

席纹红陶罍

西汉中期

高32厘米，口径17.8厘米，腹径35.3厘米，底径18厘米

萧山博物馆旧藏

  侈口，宽平唇，弧肩，鼓腹，平底。通体拍印席纹。

  罍为日用器，是汉墓随葬品中的基本组合之一。器形普遍高大，通体拍印各种几何纹。编织纹几乎流行整个西汉时期。新莽至东汉初出现梳状纹，至东汉中期演变为块状斜方格纹，继而向窗帘纹、方格填线纹发展。

席纹红陶罍

西汉中期

高28.3厘米，口径17.2厘米，腹径34厘米，底径15厘米

萧山北干山出土

  侈口，圆弧肩，圆鼓腹，平底。通体拍印席纹。

梳状纹红陶罍

西汉晚期

高29.8厘米，口径21.8厘米，腹径36.8厘米，底径17.8厘米

萧山北干山采集

　　侈口，宽平唇，圆弧肩，圆鼓腹，平底。通体拍印梳状纹。

梳状纹红陶罍

西汉晚期

高30.6厘米，口径21.7厘米，腹径36.8厘米，底径18厘米

萧山北干山出土

　　侈口，宽平唇，圆弧肩，圆鼓腹，平底。通体拍印梳状纹。

块状斜方格纹红陶罍

东汉中期

高24.2厘米，口径18厘米，腹径27.5厘米，底径12.8厘米

萧山杭发二车间扩建工地（现属北干街道）出土

　　侈口，宽平唇，弧肩，鼓腹，腹下部斜收，平底。通体拍印块状斜方格纹。

块状斜方格纹红陶罍

东汉中期

高27.4厘米，口径21.7厘米，腹径33.7厘米，底径15.2厘米

萧山北干山出土

　　侈口，宽平唇，圆弧肩，圆鼓腹，平底。通体拍印块状斜方格纹。

块状斜方格纹红陶罍

东汉中期

高26厘米，口径19.1厘米，腹径33厘米，底径15厘米

萧山北干山采集

　　直口，宽平唇，圆弧肩，圆鼓腹，平底。通体拍印块状斜方格纹。

块状斜方格纹原始瓷瓮

东汉中期

高45.5厘米，口径31.5厘米，腹径54厘米，底径20厘米

萧山宾馆配套大楼工地出土

直口，宽斜肩，鼓腹，腹下部斜收，平底。整体器形硕大，通体拍印块状斜方格纹。肩和上腹部施釉。

冥
币

原始瓷麟趾金

西汉
厚2.8～3.2厘米，底径6.3～7厘米
萧山蜀山街道西蜀山采集

　　圆饼形，高弧背，无沿，周壁圆弧，平底。背面模印云纹，施黄绿色釉。
　　陶质或原始瓷类麟趾金为冥币，多出于西汉中期至王莽时期的中型墓内，
一定程度上体现了墓主的政治地位和经济水平。

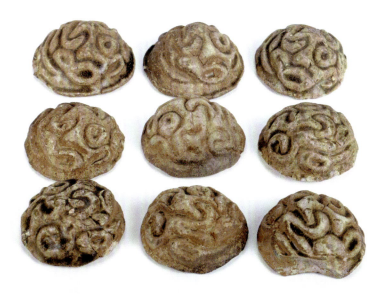

红陶灶

西汉晚期

通高13.8厘米，长23.6厘米，宽15.5厘米，甑高4.6厘米，口径8.8厘米，釜高3.6厘米，口径8.2厘米

萧山昭东公社（现属瓜沥镇）采集

灶身略呈筒状，底部封闭。前端设长方形灶门，灶面设双眼，上置釜、甑。尾部有一上翘的烟囱。

灶为冥器，流行于两汉时期，有筒形和船形两种。

泥质灰陶灶

西汉晚期

通高15.8厘米，长29厘米，宽17.5厘米，釜高5.5厘米，口径8.5厘米

萧山来苏东蜀山（现属所前镇城南村东蜀山）采集

灶身呈船形，底作敞开式，无底面。前端设长方形灶门，灶面设双眼，上置一釜。尾部有一上翘的烟囱。

陶井

东汉中期

高11.5厘米，外口径12.8厘米，内口径7.5厘米，底径15.5厘米，吊桶高4厘米，口径2.9厘米，腹径4厘米

萧山溪头黄村（现属蜀山街道溪头黄社区）出土

　　直口，宽平唇，井圈较厚，口沿下内束，腹壁呈斜状外展，平底，底径大于腹径。底部为圆形泥片，与井身分离。内有一鼓腹形汲水罐。

　　井为冥器，两汉随葬品的基本组合之一。

水波纹陶井

东汉中期

高8.5厘米，口径10厘米，底径11.3厘米

萧山博物馆旧藏

　　直口，宽平唇，口沿下内束，腹壁呈斜状外展，平底，底径大于腹径。颈部饰两圈凸弦纹。腹部饰三圈凹弦纹，间划两组水波纹。

绳纹陶井

东汉中期
高10.5厘米，口径11厘米，底径11厘米
萧山东蜀山白云矿（现属所前镇城南村东蜀山）采集

　　口微敛，宽平唇，筒腹，腹壁略弧，平底。腹部堆塑三角形井绳，井绳的交叉处附着一尖顶状乳钉。

水波纹原始瓷盆

西汉晚期
高9厘米，口径28.5厘米，底径14.8厘米
萧山溪头黄村（现属蜀山街道溪头黄社区）出土

　　侈口，斜弧腹，中部有一转折，矮圈足。外壁饰一组弦纹和两组水波纹。釉层剥落。

双耳三足泥陶盆

东汉中期
高10厘米，口径30厘米，底径19.5厘米
萧山溪头黄村（现属蜀山街道溪头黄社区）出土

　　口微敛，宽平唇，腹壁弧收，较浅，腹上安一对小鋬，平底下附三足。

酱釉原始瓷盆

东汉中期
高8厘米，口径28厘米，底径14.5厘米
萧山衙前凤凰山出土

　　敞口折沿，上腹壁较直，下腹内收，中部有一转折，平底。通体施酱褐色釉。

原始瓷匜

西汉中期

高5.8厘米，长16厘米，宽12.5厘米，口11厘米×12厘米，底8.3厘米×8.6厘米，流宽3.7厘米

萧山许贤公社（现属义桥镇）采集

　　敛口，匜身略作方形，扁鼓腹，流宽而短，略上翘。平底。口沿外壁阴刻两道弦纹。内壁及口沿处施釉。

陶屋

西汉中期
高10.7厘米，长11.9厘米，宽11厘米，底11.4厘米×8厘米
萧山北干山烈士陵园工地出土

　　悬山顶，两面坡呈对称状，其上阴刻瓦楞线，单间，长方形，一侧设长方形门洞，正面墙中下部位设一圆形孔洞。平底。釉层剥落。

水波纹三足红陶樽

西汉晚期

高16.5厘米，口径18厘米，底径17厘米

萧山溪头黄村（现属蜀山街道溪头黄社区）出土

　　直口，筒腹，平底下附三个矮蹄形足。上腹部阴刻两道弦纹，间刻一组水波纹。

原始瓷豆形熏炉

西汉晚期

通高16.5厘米，盖径11.2厘米，内口径9厘米，底径7.5厘米

萧山北干山出土

　　半椭圆形盖，飞鸟形捉钮，盖面饰两组三角形堆纹，每组各十个，三角形底边交接处戳有一较小的熏孔，共二十个。熏为直口，宽平沿，腹壁上部较直，下部折而内收，高圈足，呈喇叭状，中部起折。腹部饰一道弦纹。阳面施釉。

鐎
斗

原始瓷鐎斗

东汉
高13.2厘米，长23.3厘米，口径18厘米，足高8厘米
萧山新湾文化站（现属钱塘区新湾街道）上交

　　敞口，弧腹，浅圜底，腹部安有一柄，略作弧形上
翘，底部附三个蹄形高足。

黑釉原始瓷五管瓶

东汉中晚期
高50厘米，中管口径6厘米，腹径21厘米，底径15.5厘米
萧山衙前凤凰大队（现属衙前镇凤凰村）出土

　　瓶身作葫芦形，可分上、中、下三层。上部中心为盘口小壶，口通下腹，肩部饰二道弦纹，上贴四只昂首小鸟；第二层堆塑四小瓶，瓶口与上层鸟首齐平，间隔四小鸟，皆昂首，腹饰三道弦纹。瓶中部缩腰处塑有三只熊，三熊皆站立，前左腿举至嘴边，似在进食，憨态可掬。三熊间饰三鸟，其状与上部鸟相同。底层腹部圆鼓，体形硕大，鼓腹处饰有四道弦纹，下腹收敛，底部略外撇。平底。

　　胎体厚重致密，质地坚硬，胎色灰黑。釉色黑褐，施釉未及底，底层下腹有流釉现象，并可见拉坯旋痕。

　　此瓶秀高挺拔，层次分明，繁而有序，雕饰精美。釉色锃亮，宛如新制。是早期越窑黑釉瓷器之佳作。

　　五管瓶为冥器，是东汉时期随葬品的基本组合之一。

002

铜
器
篇

　　铜器数量和种类在汉墓的随葬器物中位居第二。由于
南方气候潮湿、墓内葬具坍塌等原因，出土的铜器普遍残
破不堪或变形，完整者较少。汉代铜器多采用分段浇铸、
分段合范而成，胎壁普遍较薄。在装饰方面，以铜镜最为
丰富，其他器类则多为素面，少量肩腹部装饰有简单的铺
首、弦纹等。

乐未央四草叶内连弧纹铜镜

西汉中期

直径15.6厘米，镜缘厚0.3厘米，钮高0.8厘米

萧山进化镇采集

弦钮。方钮座。钮座周围饰宽带纹二周，间饰铭文一周，每边三字。外围饰蝴蝶花草纹，缘饰十六内向弧纹。

铭文：长相思，毋相忘，常富贵，乐未央。

内连弧纹星云铜镜

西汉晚期

直径10.5厘米，镜缘厚0.35厘米，钮高1.5厘米

萧山东蜀山白云矿（现属所前镇城南村东蜀山）采集

连峰式钮。连弧纹钮座。外区饰四组乳纹连珠，间以七曜。缘饰十六内向弧纹。

清白内连弧纹重圈铭带铜镜

西汉晚期
直径14.2厘米，镜缘厚0.65厘米，钮高1.2厘米
萧山北干山出土

半圆钮。钮外饰连珠纹，围以栉齿纹及凸宽带纹各一周，外饰十六内向弧纹。外区饰栉齿纹二周，间饰铭文一周。宽素平缘。

铭文：絜（洁）清（而）白事君，忘污之弇明，玄锡之流泽，日忘美人，外承可兑（悦），毋思。

昭明内连弧纹铭带铜镜

西汉
直径9.65厘米，镜缘厚0.7厘米，钮高1.05厘米
萧山河庄（现属钱塘区河庄街道）采集

小圆钮。素圈钮座，外饰八内向弧纹。外区饰栉齿纹和铭文各一周。宽素平缘。

铭文：内而青而以昭明，光而象夫而日之月而不泄日。

长宜铜华重圈铭带铜镜

西汉晚期

直径16.7厘米，镜缘厚0.5厘米，钮高1.1厘米

萧山来苏东蜀山（现属所前镇城南村东蜀山）出土

    圆钮。四叶纹钮座，钮座旁饰四字，周围饰栉齿纹及凸宽带纹各一周。以八内向连弧为内区。外区饰栉齿纹二周，间饰铭文一周。宽缘上饰水波纹一周。

钮座铭文：长宜子孙。

外区铭文：炼冶铜华得再清，以之为镜昭身相，

            五色尽具正赤青，与君无极毕长生。

四蟠螭纹铜镜

西汉晚期

直径10.2厘米，镜缘厚0.4厘米，钮高0.75厘米

萧山博物馆旧藏

    圆钮。素圈钮座，外饰八内向弧纹。外区饰栉齿纹二周，间饰四蟠螭纹。宽素平缘。

四乳蟠螭纹铜镜

西汉晚期
直径8.6厘米，镜缘厚0.3厘米，钮高0.75厘米
萧山博物馆旧藏

　　圆钮。素圈钮座。外区饰栉齿纹二周，间饰四蟠螭纹，以四乳钉间隔。宽素平缘。

四乳蟠螭纹铜镜

西汉晚期
直径9.3厘米，镜缘厚0.3厘米，钮高0.8厘米
萧山衙前镇采集

　　圆钮。素圈钮座。外区饰栉齿纹二周，间饰四蟠螭纹，以四乳钉间隔。宽素平缘。

四乳四鸟兽纹铜镜

东汉

直径14.5厘米，镜缘厚0.7厘米，钮高1.1厘米

萧山来苏东蜀山（现属所前镇城南村东蜀山）采集

　　圆钮。钮外饰连珠纹，围以栉齿纹及凸宽带纹各一周。外区饰栉齿纹二周，间饰四鸟兽纹，以四乳钉分为四区。宽素平缘。

四乳鸟兽纹铜镜

东汉

直径13.2厘米，镜缘厚0.4厘米，钮高1厘米

萧山城南汽车配件厂工地（现属蜀山街道安桥村）采集

　　圆钮。四叶纹钮座，围以凸宽带纹和八内向弧纹各一周。外区饰栉齿纹二周，间饰鸟兽纹，以四乳钉分为四区。宽素平缘。

五乳鸟兽纹铜镜

东汉
直径12.8厘米，镜缘厚0.4厘米，钮高1.05厘米
萧山衙前镇采集

　　圆钮。圆钮座，围以栉齿纹及凸宽带纹各一周。外区饰栉齿纹二周，间饰鸟兽纹，以五乳钉分为五区。宽缘上饰卷草纹和锯齿纹各一周。

五乳鸟兽纹铜镜

东汉
直径14厘米，镜缘厚0.45厘米，钮高1.1厘米
萧山城南越寨张（现属蜀山街道越寨社区）采集

　　圆钮。四叶纹钮座，围以宽带纹一周。外区饰栉齿纹两周，间以鸟兽纹，以五乳钉分为五区。宽缘上饰变形兽纹和锯齿纹各一周。

禽兽纹博局铜镜

东汉

直径10.1厘米，镜缘厚0.3厘米，钮高1.1厘米
萧山浦沿半山（现属滨江区浦沿街道）采集

圆钮。素圈钮座，钮座外饰宽带纹组成的方框。外区饰博局纹和禽兽纹。近缘处饰栉齿纹一周。宽缘上饰水波纹一周。

八乳禽兽纹博局铜镜

东汉

直径13厘米，镜缘厚0.5厘米，钮高1.1厘米
萧山北干山出土

圆钮。四叶纹钮座，钮座外饰宽带纹组成的方框。外区饰博局纹、禽兽纹和八乳钉纹。近缘处饰栉齿纹一周。宽缘上饰连珠纹和兽纹带各一周。

尚方八乳禽兽纹博局铜镜

东汉

直径14厘米，镜缘厚0.6厘米，钮高0.9厘米

萧山北干山出土

　　圆钮。四叶纹钮座，钮座外饰宽带纹组成的方框。外区饰博局纹、禽兽纹和八乳钉纹。近缘处饰铭文和栉齿纹各一周，铭文锈蚀不清。宽缘上饰栉齿纹和变形兽纹带各一周。

尚方八乳地支禽兽纹博局铜镜

东汉

直径18厘米，镜缘厚0.5厘米，钮高1.0厘米

萧山义桥镇斗鸡山采集

　　圆钮。四叶纹钮座，钮周围饰十二乳钉，间饰十二地支，每边三字，字周围饰凹宽带纹围成的方框，其外饰博局纹、禽兽纹和八乳钉纹。近缘处饰铭文和栉齿纹各一周。宽缘上饰连珠纹和兽纹带各一周。宽缘上饰锯齿纹两周，间水波纹一周。

钮座铭文：亥子丑，寅卯辰，巳午未，申酉戌。

外区铭文：尚方作竟（镜）真大巧，上有仙人不知老。渴饮玉泉饥食枣兮，□□□□敖（遨）四海。

尚方八乳地支禽兽纹博局铜镜

东汉

直径17.7厘米，镜缘厚0.5厘米，钮高1.3厘米

萧山来苏东蜀山（现属所前镇城南村东蜀山）采集

圆钮。四叶纹钮座，钮周围饰十二乳钉，间饰十二地支，每边三字，字周围饰凹宽带纹围成的方框，其外饰博局纹、禽兽纹和八乳钉纹。近缘处饰铭文和栉齿纹各一周。宽缘上饰锯齿纹两周，间水波纹一周。

钮座铭文：亥子丑，寅卯辰，巳午未，申酉戌。

外区铭文：尚方作竟（镜）真大巧，上有仙人不知老，□□玉□饥食枣兮。

长宜子孙八乳博局铜镜

东汉

直径14.5厘米，镜缘厚0.5厘米，钮高1.2厘米

萧山来苏东蜀山（现属所前镇城南村东蜀山）采集

圆钮。素圈钮座，钮座外饰九乳钉纹及凹宽带方框各一周，其外饰博局纹和八乳钉纹。近缘处饰铭文和栉齿纹各一周。宽缘上饰锯齿纹和变形兽纹各一周。

钮座铭文：长宜子孙。

外区铭文：徙宍入住（佳）山，（……）二万里，（綵）
官发休宠（嗣）士，米升两帛石十九巳。

尚方八乳地支禽兽纹博局铜镜

东汉

直径18.3厘米，镜缘厚0.65厘米，钮高1.2厘米

萧山城南公路段（现属蜀山街道）采集

　　圆钮。四叶纹钮座，钮周围饰十二乳钉，间饰十二地支，每边三字，字周围饰凹宽带纹围成的方框，其外饰博局纹、禽兽纹和八乳钉纹。近缘处饰铭文和栉齿纹各一周。宽缘上饰锯齿纹两周，间水波纹一周。

钮座铭文：亥子丑，寅卯辰，巳午未，申酉戌。

外区铭文：尚方□□真大巧，上有仙人不知老，
　　　　　□□玉泉饥食枣。

尚方八乳地支禽兽纹博局铜镜

东汉

直径16.7厘米，镜缘厚0.5厘米，钮高1.2厘米

萧山博物馆旧藏

　　圆钮。四叶纹钮座，钮周围饰十二乳钉，间饰十二地支，每边三字，字周围饰凹宽带纹围成的方框，其外饰博局纹、禽兽纹和八乳钉纹。近缘处饰铭文和栉齿纹各一周。宽缘上饰锯齿纹和变形兽纹各一周。

钮座铭文：亥子丑，寅卯辰，巳午未，申酉戌。

外区铭文：尚方作竟（镜）真大好，上有仙人不
　　　　　知老。渴饮玉泉饥食枣，浮游天下敖
　　　　　（遨）四海，寿如金石为国保。

龙虎纹神仙画像铜镜

东汉

直径21.8厘米，镜缘厚0.9厘米，钮高2.9厘米

萧山城东劳湖村公墓（现属新塘街道）出土

　　圆钮。素圈钮座，钮座外饰连珠花瓣纹和凹宽带纹方框各一周，四乳钉将主纹饰区分为四区，分别为两组仙人和一龙一虎。近缘处饰栉齿纹一周。宽缘上饰锯齿纹和兽纹带各一周。纹饰均采用浮雕的艺术手法。

龙虎纹神仙画像铜镜

东汉

直径15.9厘米，镜缘厚0.8厘米，钮高1.4厘米

萧山河上镇凤坞村采集

　　圆钮。素圈钮座，钮座外饰凹宽带纹方框，四乳钉将主纹饰区分为四区，分别为两组仙人和一龙一虎。近缘处饰栉齿纹一周。宽缘上饰锯齿纹一周。纹饰均采用浮雕的艺术手法。

龙虎纹铜镜

东汉

直径9.5厘米，镜缘厚0.9厘米，钮高1.1厘米

萧山北干山出土

圆钮。素圈钮座，钮外龙虎相峙，其外饰栉齿纹和锯齿纹各一周。斜缘。

半圆方枚神兽铜镜

东汉

直径11.5厘米，镜缘厚0.35厘米，钮高1厘米

萧山义桥镇斗鸡山采集

圆钮。钮上下左右四个方向均饰神兽纹，间饰八个圆轮，其外饰方枚和半圆枚各十，方枚上各一字，半圆枚上饰浪花纹。近缘处饰铭文和栉齿纹各一周。宽缘上饰浪花纹一周。

重列神兽铜镜

东汉至三国
直径12.3厘米，镜缘厚0.3厘米，钮高0.9厘米
萧山义桥镇斗鸡山采集

　　扁圆钮。素圈钮座，神兽作三段重列，其外饰凹宽带纹和铭文带各一周。宽缘上饰流云纹一周。

神兽铜镜

东汉至三国
直径10.1厘米，镜缘厚0.3厘米，钮高0.85厘米
萧山北干山出土

　　圆钮。钮周围饰神兽一周。斜缘。

铺首衔环青铜洗

西汉晚期
高11厘米，口径27.8厘米，底径13厘米
萧山来苏东蜀山（现属蜀山街道东蜀山）出土

　　敞口，折沿，腹壁上部稍直，下部弧而内收。腹部饰三道弦纹，并安一对衔环铺首，矮圈足。

铺首双耳青铜洗

西汉晚期
高12.7厘米，口径30.8厘米，底径16.2厘米
萧山北干山出土

　　敞口，折沿，腹壁上部稍直，下部弧而内收。腹部饰两道弦纹，并安一对小钮。平底。

双耳青铜洗

东汉早期

高14.3厘米，口径31.2厘米，底径16厘米

萧山炼焦厂（现萧山老火车站附近）采集

　　敞口，折沿，腹壁上部稍直，下部弧而内收。腹部饰三道弦纹，并安一对小钮。平底。

双耳青铜洗

东汉早期

高11.2厘米，口径27.4厘米，底径14厘米

萧山北干山出土

　　敞口，折沿，腹壁上部稍直，下部弧而内收。腹部饰一道弦纹，并安一对小钮。平底。

青铜洗

东汉早期

高8.2厘米，口径23.7厘米，底径10.7厘米

萧山来苏东蜀山（现属所前镇城南村东蜀山）出土

敞口，折沿，腹壁上部稍直，下部弧而内收。平底。

铺首双耳青铜洗

东汉中期

高12厘米，口径25.9厘米，底径14.3厘米

萧山城厢街道市心广场东北面出土

敞口，折沿，腹壁上部稍直，下部弧而内收。腹部饰四道弦纹，并安一对铺首小钮。平底。

铺首双耳青铜洗

东汉中期
高11厘米，口径25.2厘米，底径15.5厘米
萧山城厢街道市心广场东北面出土

敞口，折沿，腹壁上部稍直，下部弧而内收。腹部饰三道弦纹，并安一对铺首小钮。平底。

簋

铺首衔环青铜簋

新莽至东汉初期

高12.2厘米，口径24.2厘米，底径14.5厘米

萧山盈丰村（现属盈丰街道）采集

　　撇口，斜腹至近底部弧折内收，腹中部饰两道弦纹，并安一对衔环铺首。高圈足外斜。

铺首衔环青铜簋

新莽至东汉初期

高12.5厘米，口径25.4厘米，底径17.2厘米，圈足高3厘米

萧山昭东长巷陶瓷厂（现属瓜沥镇长巷村）出土

　　撇口，斜腹至近底部弧折内收，近口沿处饰一道弦纹，腹部饰三道弦纹，并安一对衔环铺首。高圈足外斜。

铺首衔环青铜簋

新莽至东汉初期
高14厘米，口径28.8厘米，底径18.1厘米
萧山来苏乡渔临关大队（现属所前镇渔临关村）采集

撇口，斜腹至近底部弧折内收，近口沿处饰一道弦纹，腹部饰三
道弦纹，并安一对衔环铺首。高圈足外斜。

青铜甗

新莽至东汉早期

釜：高12.8厘米，口径13厘米，腹径20.2厘米，底径9.5厘米

甑：高11厘米，口径21.2厘米，底径11.5厘米

萧山北干山出土

由釜与甑组成。釜为敛口，窄平沿，折腹斜收，平底。甑作敞口，折沿，弧腹斜收，高圈足，底部有四组窄条形箅眼。

甑

釜

青铜甑

新莽至东汉早期

高10.6厘米，口径24.5厘米，底径11厘米

萧山博物馆旧藏

敞口，折沿，弧腹斜收，腹部有三条弦纹，矮圈足，底部有四组窄条形箅眼。

青铜釜

新莽至东汉早期
高9.5厘米，口径11厘米，腹径18厘米，底径6.3厘米
萧山城南裘江（现属新塘街道）采集

　　敛口，折腹斜收，折腹处有略凸起的沿，平底。

青铜釜

新莽至东汉早期
高10.5厘米，口径11厘米，腹径19.2厘米，底径6厘米
萧山西山南端东麓城南联丰村（现属蜀山街道联丰社区）采集

　　敛口，折腹斜收，折腹处有一条弦纹，平底。

青铜釜

新莽至东汉早期
高13.3厘米，口径12.5厘米，腹径20厘米，底径7.5厘米
萧山傅家山（今属义桥镇）采集

敛口，鼓腹，腹中部有一条弦纹，平底。

双耳青铜釜

新莽至东汉早期
高8.8厘米，口径17.5厘米
萧山北干山出土

敛口，口沿外安立耳，浅圜底。

双耳青铜釜

新莽至东汉早期

高7.6厘米，口径13.7厘米，底径4.8厘米

萧山城南裘江（现属新塘街道）采集

直口，口沿外安方形立耳，浅寰底。

双耳青铜釜

新莽至东汉早期

高6.8厘米，口径12.2厘米

萧山城南供销学校（现属蜀山街道联华社区）采集

侈口，口沿外安半环形立耳，浅圜底。

永平五年铭青铜釜

东汉永平五年（62年）
高16厘米，腹径30.8厘米，底径10.2厘米
萧山来苏乡来苏周村（现属所前镇）出土

　　敛口，圆弧肩，鼓腹，腰部有一道宽沿，沿上阴刻有铭文
"永平五年东平食官铜㿻左史金容……"。小平底。

厄

青铜卮

西汉晚期
高7.5厘米，口径15.2厘米，通长19.2厘米，底径9.6厘米
萧山衙前镇采集

撇口，斜腹至近底部弧折内收，腹中部饰两道弦纹，附"6"字形鋬。圈足外撇。

青铜鐎斗

西汉晚期

高12.5厘米，口径16.3厘米，足高7.5厘米，长25.6厘米，柄长10.5厘米

萧山昭东长巷陶瓷厂（现属瓜沥镇长巷村）出土

　　近直口，宽折沿，直腹，一侧安有"D"形长柄，中空，浅圜底，附三高足，截面呈三角形。柄的朝下一面略呈弧形，提高拿放的舒适感。

青铜锜

新莽至东汉早期
高21厘米，足高9.5厘米，口径14厘米，腹径16.9厘米，柄长10.3厘米
萧山城南日用杂品公司上交

　　直口，粗颈，内弧肩，折腹微弧，上端有一道凸弦纹，肩腹交接处安一菱形长柄，中空，平底下附三蹄形高足，外撇。

青铜耳杯

西汉晚期

高5厘米，口径11.5厘米×15.2厘米，底径9.4×4.8厘米

高5厘米，口径11.5厘米×15厘米，底径9.3×4.5厘米

萧山城南汽车配厂（现属蜀山街道安桥社区）采集

一对，口部呈椭圆形，两端略上翘，新月形耳，耳缘上翘。其中一件内底留存有铜钱一枚。

青铜带钩

西汉中期

长10.3厘米，宽1.35厘米，高1.2厘米，钩背厚0.5厘米

萧山衙前卫家（现属衙前镇凤凰村卫家自然村）采集

  钩头残缺，长颈，钩尾呈扁条状，弧背，中部下凹，带扣位于近中部。整体较细长。

青铜带钩

西汉中期

长8.4厘米，宽1.1厘米，高1.1厘米，钩背厚0.3厘米，钩头长1.3厘米

萧山来苏东蜀山（现属所前镇城南村东蜀山）采集

  钩头作螭首形，长颈，钩尾呈扁条状，背面略弧，上饰两条凹槽，带扣位于近中部。整体较细长，线条流畅。

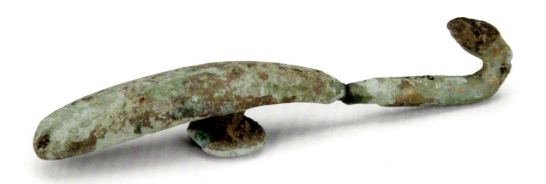

鎏金青铜带钩

西汉晚期

长10.9厘米，宽1.5厘米，高1.9厘米，钩背厚0.8厘米，钩头长1.7厘米

萧山北干山出土

整体呈琵琶形。钩头作螭首形，素面，尾部微弧。带扣位于近中部，较小。

青铜带钩

西汉晚期

长4.9厘米，宽1.4厘米，高1.6厘米，钩背厚0.9厘米，钩头长1.7厘米

萧山东蜀山白云矿（现属所前镇城南村东蜀山）采集

钩头作鹅首形，尾部微弧。带扣位于背面尾端，呈扁圆形，上阴刻有"郑谢"二字铭文。

青铜矛

西汉晚期

长12.3厘米，刃长7.3厘米，翼宽3.3厘米，骹径2.1厘米

萧山来苏东蜀山（现属所前镇城南村东蜀山）采集

尖锋，弧刃，中脊隆起，矛身宽阔。骹呈圆柱形，上部内收，上端一侧安半环钮。圆骹，底端齐平。

青铜矛

西汉晚期

残长12.5厘米，刃长7.5厘米，翼宽2.8厘米，骹径2.1厘米×1.35厘米

萧山来苏东蜀山（现属所前镇城南村东蜀山）采集

矛身呈箭镞形，尖锋，中脊不明显，两侧带翼，翼面扁平，后端呈三角形，弧刃。骹截面呈圆形。骹呈扁圆形，两侧有棱状外凸，底端略内凹。

弩机

青铜弩机

新莽至东汉早期

高12.7厘米，长10.9厘米，残宽3.3厘米

萧山城北荣庄村（现属北干街道）采集

　　郭、钩心、望山、钩牙、悬刀保存完整，两铜销缺一。郭面呈"凸"字形，中间设一道箭槽。望山侧视呈狭长的梯形往上收窄，钩牙略高出郭面。

　　弩机为青铜远射兵器构件。望山上刻有不同刻度的短横线，用于瞄准和计算距离。望山下为大致呈狭长方形的面，上面有勾弦用的两个牙，中间有一凹槽，便于置放箭杆。此种郭的制造比较实用，悬刀下部呈直条扁平状，便于手握。用一长一短两支铜销固定住悬刀和牙，使其只能转动而不会脱离构件。

青铜弩机

新莽至东汉早期

高15.5厘米，长14.9厘米，残宽3厘米

萧山来苏乡来苏周村（现属所前镇）采集

　　郭、钩心、望山、钩牙、悬刀保存完整，独缺两支铜销。郭面呈"凸"字形，中间设一道箭槽。望山侧视呈狭长的梯形往上收窄，钩牙略高出郭面，钩牙斜边为弧形，悬刀呈长条形。

青铜弩机

新莽至东汉早期
高17.2厘米，长14.2厘米，宽8.5厘米
萧山来苏乡来苏周村（现属所前镇）采集

　　郭、钩心、望山、钩牙、悬刀及连接各部分的两支铜销均保存完整。郭面呈"凸"字形，中间设一道箭槽。望山侧视呈狭长的梯形往上收窄，钩牙略高出郭面，钩牙斜边为弧形，悬刀呈长条形，铜销一端有六边形帽，另一端横穿小孔。

"大泉五十"铜铸钱母范

新莽时期

长7.65厘米，宽7.65厘米，厚1厘米

萧山闻堰镇定山村压湖山采石场（现属闻堰街道）采集

　　范体为方形抹角。面印四母钱，两面两背，额轮，阳文正书"大泉五十"。钱文笔划纤细，"泉"字直竖中断。中心的短柱是陶范叠铸时铜液的浇注口，底部分出四流路，通向母钱。面内的上下两端有阴阳各一的半圆形合范榫。平背。

　　母范由两块陶范铸成，面背各一块，范线已经磨平，但隐约可辨。另一方范线尚未磨去。

"大泉五十"铜铸钱母范

新莽时期

长7.7厘米，宽7.7厘米，厚1厘米

萧山闻堰镇定山村压湖山采石场（现属闻堰街道）采集

　　范体为方形抹角。面印四母钱，两面两背，额轮，阳文正书，篆体直读"大泉五十"。钱文笔划粗壮，"泉"字直竖中断。中心的短柱是陶范叠铸时铜液的浇注口，底部分出四流路，通向母钱。面内的上下两端有阴阳各一的半圆形定位销。平背，中部略微内凹，下部阴刻隶书"吉"字，吉字的上部"士"书作"土"字。

　　铜母范由三块陶范铸成，面部一块，背部上下两块，面部范线已磨平，但背部范线清晰可见。

"大泉五十"铜铸钱母范

新莽时期

长7.9厘米，宽7.9厘米，厚1厘米

萧山闻堰镇定山村压湖山采石场（现属闻堰街道）采集

"大泉五十"铜铸钱母范

新莽时期

长7.9厘米，宽7.9厘米，厚1厘米

萧山闻堰镇定山村压湖山采石场（现属闻堰街道）采集

"大泉五十"铜铸钱母范

新莽时期

长7.8厘米，宽7.8厘米，厚1厘米

萧山闻堰镇定山村压湖山采石场（现属闻堰街道）采集

玄武青铜水注

东汉中期

高4.7厘米，长13厘米，宽6.2厘米

萧山烟草大楼工地金家桥（现属城厢街道）采集

　　整体作一只爬行龟状，龟首略上扬，嘴衔一只耳杯，四肢力撑。龟背上盘踞一条"S"形蛇。龟背正中有一圆柱形小孔，通腹部，腹中空。从小孔注入的水可经龟身从龟嘴注入耳杯中。龟甲裙边的一侧安有一个小孔，便于悬挂携带。此水注构思巧妙，造型生动，铸造精细。

　　玄武是中国古代神话中天之四灵之一，是由龟和蛇组合成的一种灵物，系北方水神。

003

玉
料
篇

萧山区域内出土的玉料器数量和器形较少，博物馆藏品中仅有耳瑱和玉剑璏两种，但在历年的考古发掘中却多次发现数量不等的料珠。器物一般保存较好，以玛瑙、琉璃、料器、青玉质地为主，多采用切割、打磨等工艺制作而成。

红玛瑙耳瑱

东汉
长2.2厘米，直径1.4厘米
萧山博物馆旧藏

　　束腰，个体宽矮，两端齐平，大小一致，中心穿孔，穿孔采用对钻法。耳瑱流行于王莽至东汉中期。

红玛瑙耳瑱

东汉中期
长2.7厘米，直径0.9厘米
萧山北干山出土

　　束腰，个体瘦长，两端齐平，上端小于下端，中心穿孔，穿孔采用对钻法。

琉璃耳瑱

东汉中期
高2.7至2.8厘米，直径1.2厘米
萧山溪头黄村（现属蜀山街道溪头黄社区）出土

　　束腰，个体瘦长，两端齐平，上端小于下端，中心穿孔，穿孔采用单钻法，下端向内弧凹。

玉剑璏

西汉中期
长9.2厘米，宽2.7厘米
萧山来苏乡来苏周村（现属所前镇来苏周村）采集

　　长方形。穿呈扁方形，璏面微上弧，两端作钩状内折。璏面雕饰勾连纹。

后记

　　汉代是我国物质文明极其丰富、精神文明高度发达的时代，从近年来萧山发现的大量汉墓可见一斑。大约在2020年下半年，当时在浙江大学任教的吴小平教授来萧山博物馆指导，对部分汉代文物很感兴趣，并谈起他的研究课题，提议萧山出本馆藏汉代出土文物的图录，以飨读者。报告领导后，得到局领导的肯定和大力支持。

　　2020年底启动工作，主要以我馆陈列保管部人员为主选择文物、拍照、描述。起初，以馆员王兴海为主力，至2021年底完成了拣选、拍照等前期工作，后由于各种原因，暂时搁浅。2022年初，工作移交给陈列保管部主任张学惠。在繁忙的展陈工作之余，张学惠重新梳理文物，确定选择范围，将萧山区域内零星出土、采集、上交及移交的馆藏汉代文物进行挑选整理，作为近几年科学考古发掘文物资料的补充。近十年萧山考古成果丰硕，但考古后期整理文物和编写出版报告是一个艰辛而漫长的过程。在接下来的几年中，随着考古报告和研究成果的陆续出版，我们将择时再做整理研究，与大众共享更多精彩的汉代文物篇章。

　　湘湖压湖山和水漾坞出土的钱范与汉代币制政策有什么千丝万缕的联系？黄家河墓群仅见的低温绿釉陶壶是怎样传入萧山的？东蜀山汉墓中出土的蒜头壶是如何吸收外来文化并兼容并蓄的？这些谜团，需要我们更进一步的思考，需要我们找到更多的依据来加以研究和解答。但这也至少说明，汉代的萧山是开放的、包容的、充满生机和活力的。衷心希望借此机会，让更多朋友加入到萧山古代文化的挖掘和研究中来。

　　编写工作虽历时近两年，但受编者研究深度和水平有所限，内容错漏之处敬请方家指正。

编者

2022年8月

图书在版编目（CIP）数据

萧山汉代出土文物拾萃 / 杭州市萧山区博物馆编著；
杨国梅主编. — 北京 : 中国书店，2023.5
　　ISBN 978-7-5149-3143-3

　　Ⅰ. ①萧⋯ Ⅱ. ①杭⋯ ②杨⋯ Ⅲ. ①出土文物—介
绍—萧山区—汉代 Ⅳ. ①K872.554

中国版本图书馆CIP数据核字(2022)第202822号

萧山汉代出土文物拾萃

杭州市萧山区博物馆 编著　　杨国梅 主编

责任编辑　赵文杰

艺术总监　邱君武
装帧设计　陶忠玲
出版发行　中国书店
地　　址　北京市西城区琉璃厂东街115号
邮政编码　100050
经　　销　全国新华书店
设计制作　杭州品图文化艺术策划有限公司
印　　刷　浙江影天印业有限公司
开　　本　889mm×1194mm　1/16
版　　次　2023年5月第1版　2023年5月第1次印刷
印　　张　9.5
印　　数　1—1000
书　　号　ISBN 978-7-5149-3143-3
定　　价　180.00元

（本书采用"品图印艺"技术）